owace

LOS CINCO LADRONES DE LA FELICIDAD

John Izzo

Los cinco
ladrones de la
felicidad

¿Qué te impide ser feliz?

URANO
Argentina – Chile – Colombia – España
Estados Unidos – México – Perú – Uruguay – Venezuela

Título original: *The Five Thieves of Happiness*
Editor original: Berrett-Koehler Publishers, Inc., Oakland CA, USA.
Traducción: Alicia Sánchez Millet

1.ª edición Mayo 2017

Copyright © 2017 by John B Izzo
First published by Berrett-Koehler Publishers, Inc., Oakland CA, USA.
All Rights Reserved
© 2017 de la traducción *by* Alicia Sánchez Millet
© 2017 *by* Ediciones Urano, S.A.U.
Aribau, 142, pral. – 08036 Barcelona
www.mundourano.com
www.edicionesurano.com

ISBN: 978-84-7953-968-9
E-ISBN: 978-84-16715-65-7
Depósito legal: B-8.314-2017

Fotocomposición: Ediciones Urano, S.A.U.

Impreso por Rodesa, S.A. – Polígono Industrial San Miguel Parcelas E7-E8
31132 Villatuerta (Navarra)

Impreso en España – *Printed in Spain*

A mi pareja, Janice Halls, que todos los días
me enseña lo que significa reivindicar la felicidad.

Índice

Prólogo

En las casi cuatro décadas que llevo ejerciendo de coach para ejecutivos, he trabajado con algunos de los líderes más influyentes del mundo; personas brillantes y sumamente dotadas que han influido positivamente en millones de vidas.

Recientemente, he sido coach de tres destacados médicos: el doctor Jim Yong Kim, presidente del Banco Mundial; el doctor John Noseworthy, presidente de la Clínica Mayo, y el doctor Rajiv Shah, administrador de la Agencia de Estados Unidos para el Desarrollo Internacional. En nuestras sesiones de coaching les aconsejé que todos los días se hicieran una serie de preguntas, una de las cuales es: «¿He hecho todo lo posible para ser feliz?»

Es una pregunta bastante sencilla y estos hombres son inteligentes, experimentados y con mucha formación. Sin embargo, no sabían qué responder. «¿Le supone algún problema intentar ser feliz?», les pregunté.

Cada uno de ellos, en distintas conversaciones, me respondió prácticamente con las mismas palabras: «Nunca se me había ocurrido intentar ser feliz».

La felicidad puede ser escurridiza, incluso para las personas más inteligentes y brillantes. Si somos como esos entregados doctores y líderes, ni siquiera entra dentro de nuestro radar. Tengo la impresión de que hay un malentendido que es mucho más común: esperar o confiar en que llegará la felicidad, sin hacer nada para conseguirla. John Izzo, en este libro que nos incita a la reflexión, nos pregunta por qué nos cuesta tanto conseguir la felicidad y por qué es importante que seamos felices. Nos explica de un modo muy persuasivo por qué nos va mejor individual y colectivamente cuando entendemos a los «ladrones» que intentan robarnos nuestra felicidad interior natural.

Como adepto a la filosofía budista, encuentro este concepto perfectamente lógico. Buda mencionó cinco obstáculos que se interponen en nuestra meditación y en nuestra vida: el deseo sensorial, la mala voluntad, la pereza, la inquietud y la duda. En nuestra cultura actual, sufrimos la gran interferencia de los ladrones de John: el control, la arrogancia, la codicia, el consumismo y la comodidad.

La necesidad de controlar es un tema tan común entre los líderes con los que trabajo y a los que enseño que he desarrollado un acrónimo para referirme a ella: *AIWATT* [*Am I willing, at this time, to make the positive investment required to make a positive difference on this topic?*], que significa: «¿Estoy dispuesto, en este momento, a hacer la inversión positiva necesaria para crear un cambio positivo sobre este tema?» (Si no lo estás, déjalo correr.) La arrogancia, también conocida como ego, es cada vez más popular en nuestra cultura obsesionada por la fama, y he podido observar los grandes estragos que ocasiona en la vida de personas que eran prometedoras. La codicia y el consumismo son prácticamente inevitables en una economía orientada al consumo, a medida que se extiende por todo el planeta la gran enfermedad de Occidente del «Seré feliz cuando…» Todos hemos estado convencidos, en un momento u otro, de que seríamos felices si consiguiéramos esa casa, coche, pareja, promoción o cualquier otro objeto que deseemos. Nuestra necesidad de comodidad puede llegar a conducirnos a la falsa percepción de que lo que estamos haciendo es suficiente, cuando en realidad el mundo nos exige cada vez más.

Si alguien te pidiera que le nombraras rápidamente los cinco ladrones de tu felicidad, ¿qué le dirías? Sería tentador citar a tu desagradable jefe, las hojas de cálculo que has de hacer, las facturas que has de pagar o lo malo que es el clima en la zona donde vives. John, sin embargo, nos propone sabiamente que los ladrones están en nuestro interior. Eso significa que no podemos culpar a nadie o a nada ajeno a nosotros de nuestra infelicidad. Eso también significa que tenemos la facultad de conectar con nuestra felicidad interior, aunque para ello haga falta mucha disciplina.

En mi carrera profesional y en mi vida le doy una gran importancia a la felicidad. La prensa me ha puesto el título de «profesional de la felicidad», apodo que acepto de buen grado. Pero no siempre resulta fácil hacer honor a él. Necesito ayuda para seguir con mi práctica. Por eso, aconsejo a mis clientes de coaching que se hagan preguntas que reflejen sus prioridades en la vida. ¡Yo también lo hago! Como no siempre tengo éxito recordando este ritual, una ayudante se encarga de llamarme para leerme las preguntas por teléfono en cualquier parte del mundo donde me encuentre. Siempre me pregunta si he hecho todo lo posible para ser feliz. Normalmente me doy un 9,3 o un 9,4 sobre 10. ¿Cómo lo consigo?

Aunque sea una paradoja, no lo consigo. Tal como dice John, la felicidad no es algo que se pueda conseguir a través del esfuerzo. La única forma de curarnos de la enfermedad es elegir la felicidad y darle sentido *ahora*, en el presente. Por ejemplo, en mi libro *Disparadores* menciono que subestimamos hasta qué extremo nos afecta nuestro entorno, y nada puede ser más cierto en mi caso como cuando estoy en un aeropuerto. Una gran parte de mi vida profesional me la paso volando por todo el mundo para impartir sesiones de coaching, dar conferencias y enseñar. Al principio siempre me dejaba influir por los contratiempos del viaje: retrasos en los vuelos, perder el avión por culpa de los tránsitos, no poder moverme del aeropuerto cuando me moría por estar en otra parte.

En 1984 viajé con la Cruz Roja Americana para una campaña contra el hambre en África, una misión humanitaria en la que fui testigo de la muerte de cientos de personas por inanición. Fue una experiencia inolvidable que me enseñó algo sobre ser feliz. Esas personas habrían sido sumamente felices si hubieran tenido la oportunidad de estar en un aeropuerto con aire acondicionado, lleno de sitios para comer y sillas para sentarse. Antes de regresar a mi casa, me hice una promesa: no volveré a quejarme porque se retrase un vuelo.

Cojo el avión todas las semanas. Y cada semana me acuerdo de este compromiso. No hace mucho se estropeó el sistema informático en el aeropuerto internacional O'Hare de Chicago, y no pude entrar en la sala donde suelo descansar entre vuelos. Empecé a enfadarme, pero recordé mi viejo compromiso: «Da gracias. Sé feliz ahora. No esperes».

Si estás atrapado en un aeropuerto o en cualquier otro lugar donde no te apetece estar, espero que tengas este libro a mano. Te ayudará a comprender las fuerzas interiores que se han confabulado en tu contra. Mejor aún, te enseñará a vencer estas fuerzas y a conectar con tu reserva de felicidad innata y profunda.

Marshall Goldsmith

Autor de Un nuevo impulso:
descubra los 20 hábitos que frenan su ascenso[1]
y Disparadores: cómo cambiar tu conducta
para ser la persona que quieres ser[2]

---

1. Empresa Activa, Barcelona, 2007.
2. Empresa Activa, Barcelona, 2016.

Prefacio

Toda mi vida he estudiado la felicidad y su sentido. Desde que tengo uso de razón, lo que más me ha fascinado ha sido intentar descifrar el código que hace que vivir la vida valga la pena, tenga sentido y nos haga felices. Ha sido lo que me ha llevado a ejercer mis profesiones (primero ministro presbiteriano y luego escritor y conferenciante), a conseguir mis títulos (licenciaturas en Sociología, Psicología y Religión), a escribir mis libros y a implicarme en la investigación que ha acaparado gran parte de mi vida de adulto. Ha sido una búsqueda de la mente y del corazón. Mi mente quería conocer los secretos de la felicidad y mi corazón quería vivirlos.

Puede que muchos conozcáis mi cuarto libro *Los cinco secretos que debes descubrir antes de morir*. El libro se basa en algo que denominé Proyecto de las Personas Ancianas Sabias, donde pedí a algunas personas que recomendaran «a la persona mayor que supieran que había hallado la verdadera felicidad y que fuera alguien que tuviera algo que enseñarnos». Tras conseguir varios miles de nominados, entrevistamos a 250 personas, de edades comprendidas entre los 60 y los 102 años, que en su conjunto sumaban más de 18.000 años de experiencia de la vida, cuyo único punto en común era: ser la persona mayor más feliz conocida de alguien.

Los cinco secretos me ayudó a identificar los secretos para la felicidad duradera, que seleccioné de las vidas de este singular grupo de personas. El libro tuvo una respuesta extraordinariamente positiva. Personas de todo el planeta se pusieron en contacto conmigo a través de cartas y de correos electrónicos, en los cuales me transmitían que intuitivamente los cinco secretos les parecían razonables, pero también me decían algo más: que no bastaba con conocer los cinco secretos. En esencia, lo que me estaban diciendo era: *Sé lo que me aporta felicidad, pero cuesta ponerlo en práctica.*

Con el paso del tiempo, desde la publicación del libro, se me ocurrió que quizá los cinco secretos fueran sólo la mitad del secreto. Cuando entrevisté a esas personas felices me concentré en qué *habían hecho* para encontrar la felicidad, y posteriormente empecé a reflexionar en lo que *no* habían hecho. Quizá las personas felices hacían alguna otra cosa de un modo distinto. Tras una profunda reflexión, me di cuenta de que las personas a las que había entrevistado no estaban especialmente obsesionadas por encontrar la felicidad. De hecho, su felicidad parecía ser más bien un efecto secundario de su visión del mundo que el resultado de una búsqueda concreta o de lo que les sucedía en la vida. Entonces, se me ocurrió una pregunta: «¿Realmente ha de ser tan difícil ser feliz?»

En 2015 decidí tomarme ocho meses sabáticos para descansar de mis trabajos de escritor, orador y asesor, en parte porque sentía que no había terminado de descifrar el código de mi propia felicidad permanente. Durante esa etapa sabática, haciendo el Camino de Santiago en España, fue cuando se me ocurrió la idea de los cinco ladrones de la felicidad. Fue una especie de regalo de mi subconsciente, algo que sabía desde hacía mucho tiempo y que, sin embargo, no conseguía integrar. Era como la pieza que me faltaba para completar el rompecabezas que hacía tiempo que intentaba resolver o la pequeña pista en una película de suspense que cuando reparas en ella te desvela quién es el culpable. El momento eureka fue este: puede que la felicidad sea nuestro estado natural, pero existen patrones de pensamiento que dejamos que nos la roben.

En el transcurso de las doce semanas siguientes, mientras recorría el Camino y luego el Valle Sagrado en Perú, reflexioné sobre la siguiente pregunta: «¿Quiénes son esos ladrones que nos roban nuestra felicidad?» Empecé a nombrarlos uno por uno. No pretendo adjudicarme ninguna autoría sobre ellos; más bien creo que los seleccioné de las distintas tradiciones que han estudiado la felicidad.

Como eterno estudiante de las tradiciones espirituales y filosóficas, así como de la disciplina de la Psicología, sabía que la respuesta a esta pregunta probablemente estuviera ya en alguna de ellas esperando a ser descubierta. La psicología y la espiritualidad comparten una búsqueda importante. Ambas buscan la respuesta a la pregunta: «¿Cómo encuentran los seres humanos la felicidad y el sentido?»

Para escribir este libro he recurrido a las tradiciones espirituales y a los estudios científicos de psicología, a fin de descubrir quiénes son esos ladrones y cómo podemos impedir que hagan su trabajo. Todos los ladrones de los que hablo aquí podemos encontrarlos en estas tradiciones, aunque puede que con distintos nombres. Bien podrían haber sido seis o diez, pero al final me quedé con cinco, que fueron los que me parecieron los ladrones principales de nuestra felicidad.

Cuanto más reflexionaba sobre los ladrones, más cuenta me daba de que probablemente se podía extrapolar el mismo fenómeno a la sociedad. Del mismo modo que creo que nuestro estado natural como individuos es la felicidad, también creo que el estado natural de los humanos es la armonía y la cooperación. A pesar de la opinión generalizada de que vivimos en un mundo donde el pez grande se come al chico, los últimos estudios sobre biología evolutiva parecen indicar que los seres humanos han medrado y se han convertido en la especie dominante en el planeta justamente por su naturaleza cooperativa. Nuestra capacidad para cooperar con un gran número de desconocidos, es lo que nos ha permitido conquistar el mundo, por así decirlo.

En las cuatro décadas que llevo viajando por el mundo, la inmensa mayoría de los seres humanos que he conocido en las diferentes culturas de los seis continentes parecían ser personas buenas y decentes. Entonces, ¿por qué las noticias de la noche parecían estar plagadas de horrores inimaginables y por qué nos precipitábamos, cual estampida de búfalos que se dirige a un abismo, hacia una catástrofe medioambiental, cuando era tan evidente que necesitábamos un cambio?

Quizá los mismos ladrones que nos robaban nuestra felicidad personal fueran los que también robaban nuestra armonía social. Al fin y al cabo, qué era la sociedad sino una extensión y una amplificación de cada uno de nuestros mundos interiores. Ésta es la razón por la que cualquier cambio global o comunitario debe empezar en nuestro corazón.

Algunos de los ladrones te parecerán obvios al principio, y así ha de ser. El hecho de que reconozcas sus nombres significa que ya eres consciente de su presencia. Pero conocerlos y expulsarlos de tu casa son dos cosas muy distintas. Tengo la intención de demostrarte quiénes son, ayudarte a que veas cómo nos roban nuestra felicidad como individuos y como sociedad, y ofrecerte métodos prácticos para que puedas eliminarlos de tu vida.

1
La felicidad
es nuestro estado natural

Un ladrón es alguien que nos roba algo que es legítimamente nuestro. Este libro trata sobre los ladrones a los que les permitimos robarnos la felicidad, que es nuestro estado natural. Casi podríamos decir que es más necesario no interponernos en el camino de la felicidad que buscarla. Estos son los mismos ladrones que nos roban la armonía de la que podríamos gozar como sociedad.

Actualmente, la felicidad se ha puesto de moda. Parece que los libros sobre este tema proliferan por todas partes. La ciencia de la felicidad se ha convertido en un gran negocio y en tema de investigaciones científicas. Los estudios en los que se intenta descubrir, mediante investigaciones clínicas, cómo se genera y conserva la felicidad son habituales en centros de docencia famosos como las Universidades de Harvard y de Michigan. He escrito mucho sobre este tema y he dado conferencias por todo el mundo. Pero a pesar de que le concedemos tanta atención, y de que vivimos en un mundo colmado de libros y conferencias sobre la felicidad, la infelicidad nos rodea por todas partes.

¿Es posible que la propia búsqueda de la felicidad contenga las semillas de su opuesto? En esencia, la propia idea de la necesidad de buscar la felicidad implica la creencia de que la felicidad y la satisfacción no son nuestro estado natural, y que de algún modo para encontrarla tenemos que embarcarnos en una misión heroica para descubrir lo que nos hará felices.

La propia etiqueta de ser feliz o infeliz puede suponer una trampa. El hecho de considerarnos «infelices» hace que juzguemos nuestro estado interior. Algunas investigaciones han planteado que evaluar nuestra felicidad con regularidad puede provocarnos más infelicidad, especialmente si para empezar ya somos infelices.[3]

La felicidad no depende de los acontecimientos

Cuando elegí la palabra *felicidad* para este libro, lo hice con cierta inquietud. Esta palabra tiene muchos significados para personas muy distintas. Podría haber elegido cualquier otra: *satisfacción, paz, virtud, plenitud, sentido, armonía* y *júbilo*. Sin embargo, parece que *felicidad* es la palabra actual, la que de algún modo en la cultura pop ha llegado a simbolizar nuestro deseo de que nuestra vida sea correcta.

No es por casualidad que en inglés la palabra *felicidad* (*happiness*) se parezca tanto a *acontecimientos* (*happenings*).

3. Tamlin S. Conner y Katie A. Reid, "Effects of Intensive Mobile Happiness Reporting in Daily Life," *Social Psychological and Personality Science* 3, n.º 3 (2012): pp. 315–323. doi: 10.1177 /1948550611419677.

La palabra *felicidad*, en la mayor parte de las lenguas europeas, desde el griego hasta el inglés, en un principio fue sinónimo de *suerte*, que en el inglés de la Edad Media era *hap* (que significaba «azar»). Es decir, si eras lo bastante afortunado como para que te sucedieran cosas buenas, el resultado era el sentimiento de felicidad.

Si somos fieles al significado original de la palabra, la mayoría creemos que la felicidad está directamente relacionada con los acontecimientos, aunque sabemos que eso no explica por qué algunas personas parecen ser felices, independientemente de lo que les sucede en la vida, mientras que otras siempre son desgraciadas por muchas cosas buenas que les sucedan.

Los griegos de la Antigüedad tenían un concepto ligeramente distinto de la felicidad. En muchos aspectos se podría decir que fue Aristóteles quien inició el debate sobre la felicidad en Occidente, cuando la identificó como la principal meta de la existencia humana.

La palabra griega *eudaimonia* se acerca más a la idea de la prosperidad humana que el *happiness* (felicidad) del inglés medieval. Aunque Aristóteles aceptaba que parte de la prosperidad del ser humano procedía de elementos externos, como la salud y la riqueza, también argumentaba que la felicidad estaba más relacionada con vivir una vida virtuosa. Hablaba de ciertas cualidades del carácter que representaban el estado más ideal para un ser humano, como el valor. Las virtudes no eran exactamente cualidades morales, sino medios que facilitaban la felicidad. Dicho de otro modo, Aristóteles introdujo la idea de que la felicidad estaba relacionada, hasta cierto punto, con un conjunto de virtudes o características internas, que de alguna manera, filtraban nuestra experiencia.

Desvincular la felicidad de los acontecimientos es esencial para lograr una satisfacción estable. Es la felicidad que todos en verdad buscamos; la que no está directamente relacionada con lo que nos sucede en la vida en cada momento, sino la que posee una cualidad sólida y duradera por sí misma, sin importar cuáles sean las circunstancias externas.

La felicidad es nuestro estado natural

Yo opino que la felicidad es nuestro estado natural. Pero ¿cómo la definimos? Felicidad, satisfacción, sensación de bienestar, el sentimiento de que tu vida tiene un sentido y un propósito; todos ellos son conceptos que la mayoría entendemos intuitivamente. Lo sabemos cuando lo experimentamos, cuando sentimos que las cosas van bien. Cuando utilizo la palabra *felicidad*, me refiero a «un sentimiento profundo de que la propia vida es correcta y a una satisfacción sobre uno mismo en el mundo». Es este sentido de corrección de las cosas lo que considero natural en nosotros y lo que nos roban los ladrones.

Tal como se ha mencionado en la primera página de este libro, una forma de ver la felicidad es que es algo que no debemos de buscar demasiado y en lo que tampoco hemos de interferir. Nos han enseñado tan bien a pensar qué hemos de buscar, anhelar y esforzarnos para ser felices, que es fácil que nos olvidemos de que la satisfacción que buscamos está siempre presente esperando a que conectemos con ella. La naturaleza es una gran maestra en esta materia y es la razón por la que hay tantas tradiciones místicas y poéticas que nos aconsejan que nos acerquemos a ella para seguir su ejemplo. Las investigaciones han demostrado repetidas veces que cuando los humanos estamos en entornos naturales, especialmente rodeados de árboles y de plantas, somos más felices y estamos menos estresados. Existe una razón para ello. A nosotros nos parece que la naturaleza posee esa calma natural que estamos buscando. La mayor parte de la naturaleza parece que simplemente *es* y nos recuerda que nosotros también tenemos esa cualidad de ser en nuestro interior. A Lao Tze se le atribuye haber dicho que aunque la naturaleza no se apresura, todo lo logra.

La idea de que la experiencia interior de felicidad es nuestro estado natural podemos encontrarla en las tradiciones espirituales de Oriente y Occidente. Tanto si crees en la verdad fáctica de alguna de las grandes tradiciones espirituales o de todas ellas como si no, en su conjunto representan la búsqueda colectiva de la felicidad en la que la humanidad se ha visto envuelta durante miles de años. No tengo intención de defender o promocionar ningún punto de vista de ninguna religión en particular, sino tan sólo demostrar que este concepto de que la felicidad ya está en nosotros no es nuevo.

La historia judeo-cristiana-islámica de la Creación lo ilustra con el relato de Adán y Eva en el Jardín del Edén. Puesto que los humanos siempre han visto la naturaleza como a una maestra, no es de extrañar que una de las historias más antiguas sobre la creación de la cultura occidental sitúe a los primeros humanos viviendo felizmente en un jardín.

Los dos primeros humanos pueden hacer lo que les plazca salvo comer el fruto del árbol del conocimiento del bien y del mal. Metafóricamente, el árbol representa esa parte de nosotros que juzga y que se esfuerza, en lugar de experimentar la vida. Antes de comer el fruto del árbol, ellos dos simplemente disfrutaban del jardín. Básicamente, vivían en el Paraíso, conectados con su felicidad natural, de un modo muy parecido a las plantas y los árboles.

Una serpiente les tienta a comer el fruto de ese árbol, e inmediatamente se sienten avergonzados y son conscientes de su desnudez. Se tapan. En vez de sentir que tenían cubiertas todas sus necesidades, de pronto sienten que necesitan algo más para ser felices. El creador les ve vestidos y les pregunta: «¿Quién os dijo que estabais desnudos?»

En lugar de pensar en el acto físico de estar desnudos, el significado alegórico es más bien: *¿Quién os dijo que necesitabais algo?* ¡Al fin y al cabo, ya estáis en el Jardín del Edén! Reflexiona un momento sobre esta imagen. En Occidente utilizamos la expresión de «el Jardín del Edén» como sinónimo de un lugar donde todo funciona. El pensamiento inicial de infelicidad, el sentido de que no todo es como debería ser, no se debe a ningún cambio en las circunstancias externas, sino a un cambio de la visión interior. El jardín sigue siendo el mismo, lo que ha cambiado es el filtro que usamos para contemplarlo, que es lo que nos roba nuestra noción innata de que todo está bien.

La consecuencia del acto de comer el fruto del árbol es que los humanos son condenados a tener que esforzarse a partir de entonces. Por desgracia, muchos interpretan esta historia como un castigo, cuando en realidad es más bien un exilio. Desconectados de nuestra verdadera naturaleza, que es ser felices, perdimos el contacto con nuestra calma natural, y a diferencia del resto de la naturaleza, hemos estado buscando la felicidad desde entonces.

En la tradición oriental se utilizan el yoga y la meditación para aquietar la mente a fin de descubrir la paz interior que está siempre presente en nosotros. La palabra sánscrita original, *yoga*, significa literalmente «ensamblar» o «unir». A diferencia de nuestra idea moderna sobre la felicidad, la palabra *yoga*, que cuenta con casi 5.000 años de antigüedad, no implica una búsqueda, sino una unión con lo que ya está dentro de nosotros. Actualmente, muchas personas creen que el yoga o incluso la meditación son un arduo camino para conseguir la calma, en lugar de un medio para aclarar nuestra mente y redescubrir la paz profunda que poseemos por naturaleza. Aunque en el mundo exterior exista el sufrimiento, la paz que buscamos está en nuestro interior. Así que cuando digo que la felicidad es nuestra por naturaleza, es justamente eso lo que quiero decir.

Una cita que se atribuye a Rumí, un conocido poeta, erudito del islam y místico sufí persa del siglo XIII, dice que la inspiración que buscamos ya está en nuestro interior. Calla y escucha. Esta idea de que la experiencia de la paz y la felicidad interiores ya están presentes es recurrente.

A veces podemos entrever esta paz interior no sólo en la naturaleza, sino en nuestras propias experiencias. La sonrisa innata de los bebés es el símbolo más emblemático de ese estado interior, la forma en que un bebé estira el brazo con curiosidad para tocar un objeto o explorar el mundo sin juzgarlo.

La quietud del sueño, en sus momentos más sublimes, es otra imagen de la paz interior que poseemos. En la tradición oriental, se suele comparar el sentido de unidad y de paz que experimentamos durante el sueño con nuestro estado de conciencia natural. Personajes famosos como Shakespeare y D. H. Lawrence han ensalzado las virtudes del sueño. Como muy bien saben las personas que padecen insomnio esporádicamente, al dejar la mente en blanco y esperar la llegada del sueño, sin intentar inducirlo, es cuando experimentamos la paz del descanso. La felicidad, igual que el sueño, necesita que no nos interpongamos en su camino. Cuando decimos «duerme como un bebé» es por algo; de algún modo sabemos que los bebés descansan intuitivamente en la paz que se encuentra en el centro de todo, sueño que pronto se verá afectado por el afán de búsqueda.

La entrada de los ladrones

Pero ¿por qué utilizar la metáfora de los ladrones para representar aquello que nos arrebata nuestra felicidad y paz interior naturales? Por definición, un ladrón es aquel que te arrebata algo que te pertenece. Y en el caso de la felicidad, los ladrones son los patrones mentales y filtros internos a través de los cuales contemplamos el mundo de una manera distorsionada. Nublan nuestra visión de lo que es cierto y natural.

La mayoría de las tradiciones espirituales y de sabiduría nos dicen que existen visiones distorsionadas del mundo que hemos de evitar. En el budismo hay cinco obstáculos: el deseo sensorial, la mala voluntad, la pereza, la inquietud y la duda. En la tradición monástica cristiana son los siete pecados capitales: el orgullo, la envidia, la gula, la lujuria, la ira, la avaricia y la pereza. En el sijismo, la quinta religión del mundo y una de las más recientes, existe el concepto de que como seres humanos poseemos el sentido de la corrección de las cosas, que sus seguidores denominan *sentido común*. El sijismo reconoce cinco patrones mentales (a los que llama *ladrones*) que nos roban nuestro sentido común: la lujuria, la avaricia, el apego, la rabia y la arrogancia. En esencia, todas las tradiciones enseñan que por naturaleza somos felices y estamos en armonía si conseguimos dominar esas fuerzas que tenemos en nuestro interior.

Cuando le mencioné esta idea de los ladrones de la felicidad a una amiga, inmediatamente me preguntó: «¿Quieres decir las cosas que hemos de evitar?» Sin embargo, ésta no es una lista de cosas que hay que evitar, como los alimentos de una dieta estricta. Una lista de cosas que *no hemos de hacer* podría ser tan cruel o incluso más que una lista de las cosas que *hemos de hacer* para encontrar la felicidad y la satisfacción.

Por el contrario, es más útil, como ya he dicho, pensar en los cinco ladrones de la felicidad como en patrones mentales y filtros internos a través de los cuales contemplamos el mundo.

Cuando reflexionaba sobre las 250 personas ancianas que entrevisté para escribir *Los cinco secretos*, me di cuenta de que muchas de ellas habían mencionado estos patrones mentales, aunque en ese momento no me percaté de ello. Básicamente, me dijeron que había formas de pensar que nos alejaban de la felicidad. Estos ladrones no están en el exterior, sino que son los filtros que ya existen dentro de nosotros. Hasta cierto punto, estos ladrones son muy naturales para todos nosotros, pero cuando son ellos los que «mandan en casa» cambian radicalmente nuestra experiencia de la vida.

Los ladrones se disfrazan de amigos

Como cualquier buen ladrón, los cinco ladrones suelen llevar muy buenos disfraces. Un buen ladrón parece un buen amigo antes de robarnos. A medida que vayamos explorando cada uno de los cinco ladrones, irás viendo que el ladrón se disfraza de fuerza constructiva en nuestra vida, y al final acaba engañándonos. Por este motivo, el primer paso para sacar a los ladrones de nuestra casa es reconocer quiénes son realmente.

La meta final es eliminar estos cinco patrones mentales de nuestra vida, individual y colectivamente. Al fin y al cabo, si tienes ladrones en casa, has de deshacerte de ellos. Los cinco ladrones son el *control*, la *arrogancia*, la *codicia*, el *consumismo* y la *comodidad*.

Los ladrones también roban la felicidad a la sociedad

Del mismo modo que afirmo que la felicidad es nuestro estado natural como individuos, también lo es de nuestra especie. Durante siglos se ha hablado mucho sobre la verdadera naturaleza de los seres humanos. ¿Somos inherentemente egoístas o altruistas? ¿Hemos nacido para ser desgraciados o para ser felices? ¿Somos afectuosos o violentos por naturaleza? ¿Seremos una plaga para el planeta, que acabará destruyendo su capacidad para conservar la vida o, como las abejas, aportaremos más vida a la Tierra que si no existiéramos?

Para responder a la pregunta sobre la verdadera naturaleza de la especie humana, vale la pena que analicemos cómo llegó el *Homo sapiens* a dominar la Tierra como no lo ha conseguido ninguna otra especie en la historia de la vida en este planeta, al menos tal como la conocemos ahora. Biólogos como Edward O. Wilson, en su libro *La conquista social de la Tierra*, y Yuval Noah Harari, en su libro *Sapiens: De animales a dioses*, ofrecen pruebas contundentes de que lo que ha permitido a los seres humanos medrar y conquistar la Tierra es nuestra inigualable capacidad para cooperar. Los seres humanos también han competido entre sí, por supuesto, y la historia de las guerras da fe de ello, pero la verdadera historia del progreso de la humanidad es la de la cooperación compasiva. A diferencia de cualquier otra especie, hemos aprendido a cooperar con extraños para conseguir nuestros fines comunes.[4]

De hecho, existen pruebas que parecen indicar que gran parte de nuestra naturaleza oscura se desarrolló poste-

---

4. Para una revisión más extensa sobre la naturaleza cooperativa del *Homo sapiens*, léase estos dos libros: Edward O. Wilson, *The Social Conquest of Earth*, Liveright, Nueva York, 2013. (Versión en castellano: *La conquista social de la Tierra*, Debate, Barcelona, 2012); y Yuval Noah Harari, *Sapiens: A Brief History of Humankind*, HarperCollins, Nueva York, 2014. (Versión en castellano: *De animales a dioses: breve historia de la humanidad*, Debate, Barcelona, 2014).

riormente. Durante casi toda la historia de la humanidad, casi el 99% de nuestra existencia como especie hemos vivido en tribus errantes conocidas como cazadores-recolectores. Esto es lo que éramos antes del surgimiento de la agricultura. Aunque existen pocas pruebas, resulta que lo más probable es que la imagen que tenemos de nuestros antepasados como unos guerreros salvajes diste bastante de la realidad. Las pruebas parecen indicar que nuestros antepasados no fueron excesivamente violentos con sus congéneres, sino bastante compasivos, pues cooperaban mucho entre sí, incluso compartiendo habitualmente la comida. También se consideraban más conectados con la naturaleza, en lugar de estar contra ella. Las tribus actuales de cazadores-recolectores siguen mostrando un espíritu cooperativo. Las pruebas dan a entender que la revolución agrícola y el concepto de propiedad fomentaron lo que la mayoría asociamos con nuestra naturaleza humana más siniestra.[5]

Esto no significa que todos los humanos sean buenos. Pero nuestra verdadera naturaleza —la característica más importante de nuestra identidad colectiva— es ser cooperadores y compasivos, y en ello reside la clave de nuestro éxito. Al igual que sucede con nuestra felicidad natural, esta naturaleza auténtica queda oculta bajo el velo de los conceptos erróneos.

---

5. Además de *Sapiens,* el libro de Harari, recomiendo leer este artículo sobre las tribus de los cazadores-recolectores como cuidadores, pues nos dice que incluso podríamos aprender algunas cosas importantes sobre crianza de nuestros antepasados: Danielle Friedman, «Parent Like a Caveman», *The Daily Beast,* 10 de octubre de 2010, http://www.thedailybeast.com/articles/2010/10/11/hunter-gatherer-parents-better-than-todays-moms-and-dads.html.

Los ladrones, por lo tanto, atañen tanto a nuestra vida comunitaria como a nuestras vidas personales. Espero poder demostrar que esas mismas cosas que nos roban nuestra felicidad personal, también son las que se interponen en la reivindicación de la humanidad de ocupar el lugar correcto como fuerza constructiva, creativa y positiva sobre el planeta. Intrínsecamente, la comunidad y el mundo son una extensión natural de nuestra vida interior.

La morada de la humanidad no es más que una extensión de nuestras moradas interiores como individuos. Nuestro estado interior afecta al estado del mundo. Si queremos un mundo mejor, todos y cada uno de nosotros hemos de cultivar la naturaleza constructiva de nuestro propio ser. Ésta es la razón por la que todas las tradiciones espirituales nos recuerdan que debemos desarrollar nuestra espiritualidad antes de intentar salvar al mundo, y por la que la psicología positiva sugiere que la conducta prosocial procede de la felicidad interior, no a la inversa.

Por qué les puse estos nombres a los ladrones

Antes de que nos lancemos a intentar comprender y confrontar a los cinco ladrones, puede que te guste saber por qué les puse estos nombres. Es evidente que hay infinidad de patrones mentales que podrían robarnos nuestro contentamiento natural. Los ladrones se me presentaron mientras recorría el Camino de Santiago y hacía senderismo por los Andes. Confié menos en la ciencia y más en la intuición y sabiduría tradicionales y empecé a distinguir los patrones mentales que fueron apareciendo en las diversas tendencias que se iban manifestando en mis entrevistas para *Los cinco secretos*, así como en mi propia vida.

Recurrí a las tradiciones antiguas, puesto que cada uno de los ladrones guarda semejanza con los patrones mentales que encontramos en los cinco obstáculos del budismo, los siete pecados capitales del cristianismo monástico y los cinco ladrones del sijismo. Cada tradición les da su propio nombre, pero a mí me pareció que, en esencia, el control, la arrogancia, la codicia, el consumismo y la comodidad eran muy importantes para nuestra era actual, a la vez que se mostraban fieles a la sabiduría de las tradiciones antiguas.

Espero que personas de todos los credos, tanto seculares como religiosas, vean en estas tendencias de la antigua sabiduría las verdades eternas que se interponen entre nosotros y la satisfacción serena que tanto deseamos y el máximo potencial de la posibilidad humana.

2

El primer ladrón: el control

Probablemente la mayoría de los lectores conocerán la historia del Buda. Se cree que Siddhartha Gautama fue un príncipe que nació en India entre los años 580 y 460 a. C.[6] Su padre quiso protegerle y prepararle para la vida de rey, pues tuvo la premonición de que si su hijo veía alguna vez el sufrimiento se convertiría en un santón. Por lo tanto, organizó la vida del joven príncipe prohibiéndole que conociera a gurús religiosos y rodeándole de jóvenes para que no pudiera ver los estragos de la vejez, el sufrimiento y la muerte.

A los 29 años, Siddhartha decidió abandonar el palacio para conocer a sus súbditos. Al poco tiempo de salir del recinto, vio a un anciano, luego a un enfermo, después un cadáver en descomposición y, por último, a un asceta (alguien que renuncia a los placeres de la vida terrenal para vivir alejado de la sociedad con un estilo de vida sencillo, por razones espirituales). El príncipe, que nunca había visto el sufrimiento o la muerte, se dio cuenta de que enveje-

---

6. La información biográfica colectiva sobre Siddhartha Gautama procede de varias fuentes, pero principalmente de la Teosofía Universal, consultada el 28 de agosto de 2016, http://www.universaltheosophy.com/buddha-the-life-of-siddhartha-gautama.

cemos, enfermamos, y que al final morimos. Esto le causó una profunda depresión, y le condujo a vivir como un asceta renunciando a todos los placeres terrenales durante años. Sin embargo, después de casi seis años de vida ascética, ese camino tampoco pudo aliviar su búsqueda interior.

Un día, a los 35 años, después de haber estado al borde de la muerte, se sentó bajo un árbol de Bodhi e hizo la célebre promesa de que no se levantaría de allí hasta que descubriera el camino para aliviar el sufrimiento al que estamos sujetos todos los seres humanos. Se dice que estuvo sentado bajo aquel árbol sagrado 49 días y que sólo entonces alcanzó la iluminación y descubrió lo que se conoce como las cuatro nobles verdades.

Aunque no recibe este nombre, el ladrón que estamos a punto de explorar es el que indujo al Buda a realizar su viaje. El primer ladrón de la felicidad es el *control*. Este ladrón quiere hacernos creer que podemos controlar la vida, en lugar de aceptarla tal como es. La gran verdad que descubrió el Buda fue que lo que provoca infelicidad es el deseo de que la vida sea diferente de lo que es.

En la vida, por naturaleza, hay muchas cosas que no podemos controlar. Como seres humanos, sufriremos, enfermaremos y, al final, moriremos. Estas son las tres verdades de la vida que deprimieron al joven príncipe. Al final descubrió que no son estas duras verdades sobre la vida las que nos roban la felicidad y nos hacen sufrir, sino nuestra resistencia a admitirlas. Nuestro afán por controlar es lo que nos impide disfrutar de nuestra paz interior.

El mono que cerró el puño

Este ladrón hace que nos equiparemos a los monos del sudeste asiático, que tiempo atrás eran cazados por los nativos con un método simple pero cruel. Colocaban golosinas alrededor de un árbol y vaciaban un coco, perforando la cáscara por los dos extremos. Por uno de ellos, hacían un agujero lo bastante grande como para que cupiera la mano del mono, y dentro colocaban un dulce. Por el otro, el agujero era más pequeño para poder pasar una cadena fina y un tornillo, a fin de poder encadenarlo al árbol. Cuando llegaban los monos se comían todos los dulces que habían puesto alrededor del árbol, pero entre ellos siempre había alguno que inevitablemente cogía el coco, metía la mano y agarraba la golosina. Sin embargo, el agujero no era lo bastante grande como para que le pasara la mano con el puño cerrado.

El mono intentaba desesperadamente salir corriendo con el coco, pero por más que lo intentara, no se podía llevar ni el coco ni la golosina. Lo único que tenía que hacer para liberarse era abrir el puño y soltar el dulce. No obstante, la mayoría de los monos forcejeaban hasta caer exhaustos. Entonces, cuando estaban en ese estado, eran capturados por los nativos. La perdición del mono era su propio apego y su incapacidad para librarse de la trampa en la que había caído.

La atención sin apego

La felicidad es saber lo que podemos controlar y aceptar lo que no podemos controlar. En general, podríamos decir que la felicidad proviene de la comprensión de que *podemos* controlar nuestras acciones y nuestras reacciones a las cosas externas, pero *no* podemos controlar el resultado de nuestras acciones. Concentrarnos en ellas nos hace felices, hacerlo en los resultados nos hace infelices.

Al lector ocasional puede parecerle que las enseñanzas del Buda y de Jesús respecto a la iluminación o la salvación (los dos términos se utilizan en ambas tradiciones) son muy distintas. De hecho, cuanto más examinemos sus enseñanzas, con más claridad veremos cómo cada uno de ellos enfatiza la necesidad de aceptar plenamente las cosas tal como son en cada momento. Ésta es la razón por la que el budista Thich Nhat Hanh ha escrito mucho sobre las similitudes entre ambos maestros.

Cuando Jesús animó a sus discípulos a fijarse en las flores del campo como un ejemplo a imitar por su ausencia de búsqueda, estaba destacando un aspecto espiritual muy importante. Cuando dijo: «¿Quién de vosotros con vuestra preocupación añadirá una sola hora más a su vida?»,[7] estaba enseñando lo mismo. No es la falta de control lo que nos hace sufrir, sino el deseo de controlar, pues nos aleja de la felicidad y de la paz permanentes.

Uno de los grandes momentos en mi vida fue cuando comprendí la diferencia entre atención y apego. La *atención* es la energía y las cosas que elijo, mientras que el *apego* es un deseo interno de controlar lo que es inherentemente incontrolable. Otra forma de verlo es como intención sin tensión. Tener metas en la vida o incluso desear algo que queremos

---

7. Lucas 12:25 (Nueva Versión Internacional).

que pase en una determinada situación, no afecta en lo que respecta a nuestra felicidad. El problema se produce cuando nos apegamos a controlar el resultado y el ladrón empieza a robarnos. El robo de nuestra felicidad rara vez se debe a nuestras intenciones, sino a la tensión que sentimos cuando nos apegamos a los resultados de las cosas.

¿Cómo podemos reconocer la diferencia entre atención y apego? La atención es cuando actuamos en el presente con la esperanza de lograr ciertas metas, mientras que el apego es vincular nuestra felicidad a un resultado en particular.

Yo juego bastante al tenis y este punto se puede ilustrar fácilmente con un ejemplo relacionado con este deporte. La felicidad en la cancha de tenis reside en la experiencia corporal de jugar, en la dicha de sentir que el cuerpo, la raqueta y la pelota son uno. En mis momentos más sublimes jugando al tenis, sólo me concentro en estar totalmente presente en el juego, en estar atento a cómo golpeo la pelota y a cómo muevo los pies. En el momento en que me concentro sobre todo en ganar, el tenis se convierte en una fuente de infelicidad. Está claro que quiero conseguir puntos e incluso ganar el partido, pero ése es un resultado que no puedo controlar. Lo que puedo controlar es mi intención de estar lo más atento posible al juego en cada momento.

La vida se parece mucho a un partido de tenis. Cuando estamos presentes en cada momento, expresando nuestra intención a través de nuestra atención y sin apegarnos a que el resultado sea lo que nos aporte la felicidad, es cuando somos más felices.

A menudo descubrimos que el resultado —la meta a la que nos habíamos apegado— es menos gratificante que el esfuerzo (la intención). Janice, mi pareja, estuvo intentando formar parte del equipo nacional de béisbol de Canadá ¡durante 18 años! En el transcurso de casi dos décadas, trabajó, jugó y entrenó mucho, y cada año intentaba lograr un puesto en el equipo. Ninguno de esos años lo consiguió, hasta que después de todo ese tiempo, por fin logró entrar. Lo más normal es que pienses que el resultado habría sido la culminación de toda esa lucha. Pues bien, al final resultó ser justo al revés. Entrar a formar parte del equipo fue decepcionante en comparación con lo que supuso concentrarse en el momento presente año tras año, intentando superarse como jugadora, tanto en el campo de juego como en el partido mental interior. Aparte de eso, no podía controlar el resultado, y cuanto más se concentraba en el proceso, más feliz era.

El control es una ilusión: el momento presente es real

Dos de las cosas más evidentes que intentamos controlar son el pasado y el futuro. No podemos controlar lo que ya ha ocurrido, por supuesto, ni tampoco podemos controlar lo que no ha ocurrido. El lamento y la preocupación (primos hermanos del control) son los gemelos que nos roban la felicidad del momento presente. Cada vez que somos conscientes de que nos estamos lamentando o preocupando, estamos dejando que este ladrón nos robe nuestro estado natural de estar presentes.

Una de las cosas que hacen los ladrones es robarnos algo que nos pertenece por naturaleza, y en su lugar nos dejan una falsa verdad que nos hace sufrir. Este ladrón lleva el disfraz de la intencionalidad, que es buena, pero luego nos roba nuestra felicidad haciendo que nos concentremos en los resultados que conseguimos en nuestra vida. Vivir en el presente, aceptando cualquier acontecimiento que suceda en este momento (abrir el puño), es la puerta hacia la felicidad. Pero el ladrón quiere hacernos creer que si nos esforzamos más podremos controlar los resultados que obtengamos en nuestra vida.

El sufrimiento es resistirse a lo que nos sucede en el presente

Un principio que hay que tener en cuenta es que casi todo el sufrimiento interior se debe a nuestra resistencia a lo que nos está sucediendo en un momento dado. No son los acontecimientos de nuestra vida los que nos hacen desgraciados, sino el deseo de controlarlos, en lugar de aceptar lo que nos brinda el presente. No confundas esta aceptación con pasividad. Recuerda: intención sin tensión, concentración sin apego. Desear sin intentar conseguir algo no es lo que genera infelicidad, sino el deseo de controlar el resultado.

Imaginemos, por ejemplo, a una persona que ha crecido convencida de que algún día ganaría una medalla de oro en las Olimpiadas. No hay nada de malo en querer ganar una medalla de oro, pero si condiciono mi felicidad a la consecución de esa medalla, la pasión que siento por el deporte desaparecerá. Cada una de mis experiencias será únicamente un paso que me acercará o alejará de esa meta. En tibetano la palabra que utilizan para «apego» es *do chag*, que literalmente significa «deseo pegajoso». El deseo es bueno; el apego pegajoso al resultado no lo es. Esa persona no puede controlar conseguir una medalla de oro, pero puede estar totalmente presente en todos los pasos hacia esa meta. Esto también significa no oponer resistencia a cualquier elemento natural en el que te encuentres; pregúntate sólo cómo prosperar en ese elemento.

La naturaleza es una gran maestra en la práctica de este tipo de no resistencia. Durante mis andanzas por los Andes peruanos, en mi autoimpuesto año sabático, pensé en esto al ver un arbolito que había crecido literalmente encima de una roca en un río. Probablemente, el árbol habría preferido echar sus raíces en un bonito claro del bosque, donde la vida sería más fácil, pero ése era el sitio que había encontrado. Había crecido en ese inhóspito lugar, aprovechando los elementos que tenía a su alrededor en vez de resistirse a ellos.

Aunque la atención en el momento presente —vivir siempre en el momento presente— se asocia principalmente con el budismo, el valor de concentrarse en el ahora podemos encontrarlo en casi todas las tradiciones espirituales y filosóficas. Muchas personas creen erróneamente que el secreto de la felicidad es mantener esta atención en el momento presente, pero el verdadero secreto es dejar de controlar. Nos decimos a nosotros mismos «vive el presente» como si el mero hecho de hacerlo bastara para ser felices. Lo que no entendemos es que no es vivir en el presente lo que nos hace felices. Lo que nos aporta paz interior es la aceptación de lo que está pasando en ese presente. Pensar en el futuro o en el pasado no es inútil en sí mismo; es el deseo de controlar lo que cambia el paisaje.

Voy a ilustrarlo con un ejemplo. Dedicar una hora a soñar despierto sobre el futuro, por ejemplo, pensando en un viaje que pronto voy a hacer o en el día de mi boda, puede ser una actividad muy placentera. Del mismo modo, pasarse una hora recordando una experiencia placentera o incluso dolorosa de mi pasado, también puede ser placentero, y quizás hasta útil si me ayuda a entender lo que elijo en el presente.

El problema llega cuando se presenta el control. Cuando pensamos en el día de nuestra boda, se nos pasa por la cabeza que puede llover, o qué pasará si al tío Bill se le ocurre beber demasiado y monta un escándalo, o si quizá no estaré tan guapa como mi hermana, y así un pensamiento tras otro. El ladrón sabe que no podemos controlar esas cosas, pero sigue diciéndonos que si nos preocupamos lo suficiente (si mantenemos el puño lo bastante cerrado), conseguiremos encontrar la paz. Por eso también podemos hacerlo a la inversa: cuando imaginamos situaciones en el futuro que nos preocupan, podemos ser conscientes del ladrón y dejarlo a un lado. El futuro no se puede controlar, sólo experimentar. La felicidad no depende del resultado.

Tampoco es inútil en sí mismo reflexionar sobre el pasado. Por ejemplo, puede que me ponga a pensar en una relación que no funcionó, y en los errores que me gustaría corregir. Lamentar algo no es lo que nos causa dolor en sí, sino intentar controlar el pasado que, por supuesto, no puedo controlar. El pasado es lo que es. Podemos aprender del mismo y que nos sirva para aplicar nuevas intenciones a nuestras decisiones del presente. Siempre y cuando acepte conscientemente las cosas tal como son en un momento dado, incluido el pasado, estaré manteniendo al ladrón en su sitio. Muchas personas sufren durante horas, deseando revivir las decisiones que tomaron en el pasado, cuando lo único que han de hacer es aceptarlas.

No confundas no ejercer el control con adoptar una actitud pasiva respecto a influir en el curso de tu vida. Recuerda que no es la intención lo que nos hace infelices, sino el apego.

Entrena tu mente para que deje de controlar

Verte forzado a vivir una situación que te ata firmemente al presente y rendirse a ese falso sentido de control que puede proporcionarte un alivio temporal, pero jamás la verdadera paz, puede ser una experiencia muy poderosa. El ladrón nos roba nuestra habilidad innata para vivir en el presente y para aceptar lo que sucede en cada momento (atención sin tensión), y en su lugar nos deja la falsa creencia de que si nos esforzamos lo suficiente por controlar todo lo que nos rodea encontraremos la paz.

Una de las experiencias que me enseñó a mantener a raya a este ladrón la tuve cuando hacía el Camino de Santiago por el norte de España, durante el verano de 2015. El Camino de Santiago es una ruta de peregrinación de 750 kilómetros, que los cristianos han recorrido durante más de mil años, y que termina en la catedral de Santiago de Compostela, en Galicia, España, donde se cree que están enterrados los huesos del apóstol Santiago. Aunque antes era una experiencia espiritual exclusivamente para cristianos, el Camino, como se lo suele llamar muchas veces, ahora lo recorren personas de todas las religiones, edades y creencias por motivos muy diversos.

Yo tenía varias razones para recorrer el Camino, entre ellas aprender a estar más en el presente en cada momento. Caminaba un promedio de 32 kilómetros diarios. Solía empezar el día andando dos horas, al amanecer o justo un poco antes, para llegar a tomar un frugal desayuno en el primer sitio que me pareciera correcto cada mañana. Cuando empezaba el día nunca sabía hasta dónde iba a llegar, dónde dormiría, a quién conocería o cómo reaccionaría mi cuerpo.

Al principio de cada jornada, intentaba planificar cada día, controlar con quién hablaba, saber dónde y qué iba a comer, dónde iba a dormir, etcétera. Sin embargo, no tardé mucho en darme cuenta de que el Camino iba a enseñarme sus propias lecciones. Todas las cosas que tanto quería controlar se escapaban a mi control a medida que iba recorriendo kilómetros y pasaban los días.

Algunos días mi cuerpo tenía ganas de caminar sin descanso, mientras que otros, debido a algún pequeño tirón muscular, una llaga en el pie, el calor diurno o a un encuentro con algún que otro peregrino (así es como se llama a las personas que hacen el Camino) marcaban mi ritmo. Normalmente, mi idea era pasar la noche en un pueblo u hostal en particular, pero cuando llegaba estaban llenos. Mi mente se ponía a recordar entonces los deliciosos zumos de naranjas valencianas recién exprimidas y las tortillas de patata caseras que había estado consumiendo alegremente durante varios días en los bares, para luego tener que afrontar la realidad de que los próximos cinco días mi búsqueda de algo que había sido omnipresente iba a ser en vano. No tardé en ver el paralelismo entre el Camino y nuestro paso por la vida. Cuanto mejor me tomaba lo que me pasaba durante el recorrido, en lugar de aferrarme a un plan perfecto, más satisfacción y paz obtenía.

Aun así intenté controlar a las personas que me estaban enseñando las mejores lecciones del Camino. En los primeros días de mi viaje, conocí a dos peregrinos alemanes que me cayeron muy bien. Caminar junto a ellos fue muy agradable y enseguida entablamos amistad. Las primeras noches dormimos en los mismos albergues, normalmente en habitaciones con muchas camas. Hasta que una mañana, al levantarnos, uno de ellos dijo: «Me voy a quedar más rato desayunando». Por otra parte, su compañera empezó a caminar más rápido que yo, y pronto la perdí de vista. Me había acostumbrado a ellos después de caminar juntos durante varios días, y de pronto habían desaparecido los dos y me quedé solo.

Y seguí tratando de controlar mi experiencia del Camino con todas mis fuerzas. A medida que iba avanzando, me iba reencontrando con algunas de las personas que había conocido antes. Con algunas de ellas compartí una hora extraordinaria de conexión espiritual profunda, y no volví a verlas más. El ladrón seguía queriendo controlar a todos aquellos con los que hablaba, así como el tiempo que permanecíamos conectados, para evitar la pérdida de las personas por las que me había preocupado o incluso a las que había invocado para que se me aparecieran justo cuando las necesitaba.

No fueron mis intenciones las que me hicieron sufrir, sino mi apego al control. La intención no es mala en sí misma; me di cuenta de que el problema no era mi deseo de volver a ver a ciertas personas. El quid de la cuestión era que no podía controlar los deseos de los demás o las distintas circunstancias que podían hacer que mi camino se separara del suyo. A medida que pasaban los días y los kilómetros, más cuenta me daba de que vivía en el presente y de que me estaba abriendo a cualquier posibilidad. Cuando aparecía el ladrón, era consciente de él y le conducía amablemente hacia la puerta.

Piensa en todo aquello en lo que quieres ser constante en tu vida. Piensa en tus expectativas sobre tu vida profesional, en las metas que quieres conseguir, en las personas que hay en tu vida e incluso en los acontecimientos de un día en concreto. Tener intenciones está bien, pero aferrarte a ellas como el mono, cuando no puedes controlar la vida, sólo te aportará infelicidad. Cuanto más absorba esta metáfora nuestra mente consciente, con más claridad veremos cómo nos aferramos al control, cómo estamos golpeando el coco de la vida contra el árbol intentando sacar la golosina que hay dentro. Pero la libertad no está en el interior del coco, sino en abrir el puño en el momento presente, en aceptar lo que está sucediendo ahora.

Controlar las relaciones

El ladrón también se presenta en nuestras relaciones cotidianas. Por ejemplo, pasamos mucho tiempo intentando controlar a los demás y esto nos provoca un sufrimiento interno interminable. Cuando estás enfadado conmigo y me disculpo, estoy deseando controlar tu reacción. El deseo de que me perdones me está robando la felicidad, cuando en lo que debería concentrarme es en lo que yo puedo controlar, es decir, en mi sincera disculpa. Ésta es una diferencia sutil pero importante. Concentrarme en mi disculpa es algo que puedo controlar; sin embargo, tu reacción está fuera de mi alcance.

Quizá quiera controlar hasta qué punto mi pareja se siente amada. Tal vez mi forma de expresar el amor sea a través del tacto, pero ella lo experimenta a través de los actos de servicio y de amabilidad. Mi deseo de controlar la experiencia de amor de la otra persona me provocará mucho sufrimiento, mientras que aceptar cómo vive ella el amor me dará paz. A mi entender, el origen de una gran parte del sufrimiento que experimentamos en las relaciones íntimas se debe al deseo de controlar, a querer que nuestras parejas actúen y sean como *nosotros* deseamos que sean.

Voy a compartir un ejemplo personal. Mi exesposa y yo estuvimos juntos 15 años. Aunque tuvimos muchos malos momentos, también hubo algunos en los que fuimos increíblemente felices, experiencias formidables con nuestra familia, así como el gran trabajo que hicimos juntos. Tras nuestra separación, vi que mi ex sentía la necesidad de menospreciar nuestra relación y de considerar que el tiempo que estuvimos juntos fue un «error» y quizás hasta una pérdida de esos maravillosos años. Rara vez hablaba de los buenos momentos, y solía concentrarse en los aspectos en los que nos habíamos decepcionado mutuamente. Yo considero que fueron años de aprendizaje intensivo para ambos y muy necesarios para nuestro viaje. Juntos hicimos un gran trabajo en el mundo y probablemente descubrimos aspectos importantes de nosotros mismos, a la vez que servimos de inspiración a los demás.

Varios años después de habernos separado, sentí el intenso deseo de pretender que ella viera esos años como yo; quería conseguir que me confirmara que para ella también habían valido la pena. Solía aparecerse en mis sueños, en los que siempre, de un modo u otro, yo intentaba resolver esta diferencia. Pero un buen día un amigo me dijo: «Tú lo que quieres es controlar su visión de los años que estuvisteis juntos y que te confirme que lo ve igual que tú, pero eso no lo vas a conseguir. Tú sólo puedes controlar cómo ves *tú* esos años de convivencia».

En ese momento fue como si me hubieran quitado un velo de los ojos. El ladrón de mi felicidad era mi deseo de controlar aquello que no podía controlar. No era su visión de nuestra vida en común lo que me quitaba la paz, sino mi intención, poco realista, de controlar su experiencia. A partir de ese instante, siempre que sentía el deseo de que ella lo viera del mismo modo que yo, me concentraba en lo que yo podía controlar plenamente, que era en ver esos años como algo muy valioso e importante, aunque también hubieran sido conflictivos. Me deshice de mi deseo pegajoso de conseguir un resultado sobre el cual no tenía ningún control. Curiosamente, hasta el día de hoy no he vuelto a soñar con ella en el contexto de un conflicto por resolver.

La rendición: la fuerza opuesta

La fuerza opuesta al control es la *rendición*: la aceptación completa de cualquier circunstancia que se esté produciendo en el presente. Aquí tienes un sencillo ejemplo. Todo el día estás deseando jugar al golf, pero la previsión meteorológica no es especialmente buena. Existe un 50 por ciento de probabilidades de que llueva. Miras el cielo con nerviosismo y estás pendiente de las previsiones del tiempo. Sabes que no puedes controlarlo, pero insistes. Te aferras a tu idea de que necesitas jugar para ser feliz. Cuando se acerca la hora de jugar, el cielo se despeja, pero de pronto se encapota y cae un aguacero. El ladrón te ha arruinado el día. En lugar de rendirte a lo que es —puede que llueva o puede que no, no tengo control sobre ninguno de los dos resultados— opones resistencia a lo que es. Rendirse significa literalmente dejar de luchar contra el flujo natural de las cosas.

No se trata de no actuar, sino de actuar desde ese espacio que yo denomino *energía de la rendición*. No pasa nada por reflexionar sobre cuál será mi plan B si no puedo jugar por la lluvia o cómo voy a posponer el juego hasta la semana que viene. Lo que no voy a hacer es dejar que el control se interponga en el sencillo acto de rendirme ante la evidencia de lo que esta sucediendo.

Este ladrón es también muy astuto, pues nos afecta de formas muy sutiles. Una amiga mía mantiene una relación con un hombre que la traicionó. Estuvieron a punto de separarse. No hace mucho me dijo que antes esperaba que algún día le propusiera matrimonio y que le hubiera gustado lucir orgullosa un anillo. Ahora dice que ya no anhela ese anillo porque: «¿Y si un día decide dejarme otra vez, y tengo que sentir el ridículo de que me abandone siendo su esposa en vez de su novia?»

A menudo, nuestro afán de controlar significa que queremos evitar que nos hagan daño en el futuro, controlar emociones y acontecimientos que puede que no lleguen a suceder. En este caso, mi amiga y su compañero han hecho grandes progresos como pareja desde aquel engaño. Van por el buen camino para construir una relación más sólida, como nunca lo habían hecho antes. Sin embargo, ella quería controlar la posibilidad de pasar vergüenza y sentirse herida a lo largo de ese camino. Al permitir que el ladrón la engañara pensando que podía controlar que no le hicieran daño en el futuro, estaba dificultando la posibilidad de conseguir realmente lo que deseaba, que era un compromiso estable. Puede que vuelvan a hacerle daño y que su compañero vuelva a ponerla en una situación incómoda, pero si deja que sea el ladrón el que tome el mando al intentar evitar que le hagan daño, también se estará privando de la verdadera felicidad.

Este ladrón pretende aislarnos en algún rincón seguro y ponernos un casco para protegernos de cualquier eventualidad. Pero como descubrió el Buda cuando abandonó su palacio, no podemos controlar la posibilidad de sufrir, pero sí podemos elegir domesticar nuestro instinto de controlar, que en resumidas cuentas es lo que nos conducirá a la satisfacción interior. Cuando expulsemos al ladrón, podremos aceptar la vida tal como viene y sentarnos como hizo él, en calma y preparados para lo que sea.

Expulsar al ladrón de tu casa

Espero que a estas alturas ya te hayas dado cuenta de cómo el ladrón llamado control nos roba la felicidad. Pero ¿cómo podemos expulsarlo de casa? El primer paso es reconocer que ésta es *tu* casa. Muchas tradiciones espirituales comparan la mente con un templo o con un palacio. Es una metáfora muy útil porque un templo es un lugar sagrado, lo que significa que se ha de cuidar con el máximo esmero. Tu casa interior es el templo de tu felicidad. Puesto que tu felicidad reside en el templo de tu mente, tienes derecho a decidir quién entra o sale de él.

Hay una historia esclarecedora, quizás apócrifa, de una persona que conoció al Buda poco después de su experiencia bajo el árbol de Bodhi. Un desconocido que andaba por el camino se asombró al ver el sereno resplandor que emanaba de él.

—¿Eres un dios? —le preguntó.

—No, no lo soy —respondió el Buda—. Estoy despierto —añadió simplemente.

El Buda emanaba la paz propia de alguien que ha despertado.

Estar despierto es como el estado de mindfulness, es ser verdaderamente consciente de lo que está sucediendo. El mindfulness es, definido de manera sencilla, «la práctica de mantener un estado desprejuiciado de conciencia ensalzada o completa de los propios pensamientos, emociones o experiencias en el momento presente».[8] Mindfulness significa encontrarse en un estado en el cual eres claramente consciente de lo que está sucediendo en tu mente, que es el templo de tu felicidad.

---

8. *Merriam-Webster Dictionary*, edición *online*, para «mindfulness» (atención plena) consultado el 3 de agosto de 2016, http://www.merriam-webster.com/dictionary/mindfulness.

Los dos elementos clave del mindfulness son ser conscientes del momento presente y no juzgar. Cuando somos plenamente conscientes del momento presente, somos conscientes de lo que está sucediendo en nuestra mente y sentimos curiosidad en vez de juzgar. Cuando entendemos estos dos conceptos, estamos preparados para dominar a los ladrones. Aunque queramos expulsarlos de casa, debemos reconocer que los ladrones forman parte de nuestra naturaleza interna, que no son forasteros que vienen de visita. A los humanos nos gusta controlar las cosas, y a veces eso nos sirve de ayuda, pero cuando dejamos que sea nuestro deseo de controlar el que mande en casa, encontramos la desdicha en lugar de la felicidad.

No siempre podemos controlar nuestros pensamientos, pero el mindfulness nos permite ser conscientes de ellos, no juzgarlos y elegir otro camino. Y podemos decidir qué patrones mentales van a alojarse permanentemente en nuestro templo interior. Por eso debemos reconocer que los pensamientos que dejamos que nos gobiernen los elegimos nosotros. Pero muchas personas actúan como si no pudieran controlar su propia mente, y pretenden controlar el futuro preocupándose sin cesar.

El último aspecto y el más crítico del estado de mindfulness es el arte de apartar algo con delicadeza una vez que somos conscientes de ello. Este paso es esencial para cambiar cualquier conducta que ya no nos es útil.

Voy a explicar esto contándote mis primeras experiencias mientras aprendía a meditar. Mi primera profesora de meditación fue Deborah Klein, mi esposa y coautora de mi primer libro, *Despertar el alma de la empresa: cómo crear un entorno laboral adecuado para liberar el potencial de las personas en el trabajo.* Deborah practicaba yoga desde hacía muchos años. Aunque la idea principal de la meditación es apaciguar la mente y entrenarla para vivir en el presente, la meta suprema es que llegues a ser el maestro de este templo interior. Muchas personas utilizan el término de la *mente del mono*, que en el budismo se usa para referirse a algo que es «inestable, inquieto, caprichoso, extravagante, descabellado, inconstante, indeciso, incontrolable».[9] La finalidad de la meditación es enseñar a la mente a que sea todo lo contrario: consciente, despierta y constante.

Cuando empecé a meditar me costaba aquietar la mente, siempre había alguna preocupación, tarea o pensamiento que enturbiaba mi paz.

—¿Qué debo hacer cuando aparecen pensamientos que me distraen? —le preguntaba a Deborah.

—Cuando aparezca en tu mente un pensamiento que te distraiga, simplemente quiero que seas consciente del mismo y que imagines que lo barres suavemente con tus manos dejándolo a un lado, como si le estuvieras diciendo «Ahora, no» —me respondía.

Es decir, observa el pensamiento y apártalo a un lado, sin criticar ni oponer resistencia, sino con una conciencia serena. Ésta es una parte sutil, pero muy importante, del trabajo con los ladrones y de entrenar a nuestra mente para que sea feliz. Lo último que hemos de hacer es recriminarnos la presencia del ladrón. Aquello a lo que nos resistimos persiste.

---

9. Wikipedia, para la «mente del mono», modificado por última vez el 10 de junio de 2016, https://en.wikipedia.org/wiki/Mind_monkey.

He de reconocer que necesité muchas horas de aprendizaje hasta que conseguí enseñar a mi mente dispersa a concentrarse. Al principio tenía que estar imaginándome constantemente mis manos barriendo los pensamientos a un lado. Pero pronto me di cuenta de una poderosa verdad que cambió para siempre mi forma de ver las cosas en mi mundo interior. Me di cuenta de que estoy despierto y alerta; que tengo el control sobre mi mente. El templo tiene un dirigente que soy yo. Pronto el hábito de limpiar mi mente se impuso al hábito de permitir que cualquier pensamiento que llegara a ella se alojara allí.

Los tres pasos

Apliquemos ahora esta idea de la plena conciencia a los ladrones. Durante el día, cuando aparece un ladrón, sigo estos tres sencillos pasos: *darme cuenta, detenerlo* y *sustituirlo*. Primero reconocemos la presencia del ladrón, luego lo detenemos apartándolo delicadamente a un lado y, por último, elegimos otro pensamiento diferente para que ocupe su lugar. De acuerdo con la metáfora del ladrón, primero hemos de atraparlo (darnos cuenta), luego arrestarlo (detenerlo) y luego expulsarlo o al menos reformarlo (sustituirlo).

Para ilustrar de lo que estoy hablando me valgo de un ejemplo que he dado antes. He puesto toda mi ilusión en jugar al golf esta tarde, porque estoy convencido de que el golf hoy me hará feliz. Consulto obsesivamente, por la mañana y después de comer, la previsión del tiempo que es bastante incierta. La satisfacción se ha ensombrecido por mi deseo de controlar el tiempo. Recordemos que casi todo sufrimiento se debe a la resistencia que oponemos a lo que se está produciendo en el momento. No es la cosa o situación en sí misma lo que nos hace sufrir, sino nuestra *resistencia* a lo que está sucediendo en un momento dado. Soy consciente de la presencia del ladrón; es decir, del deseo de controlar el futuro, en lugar de rendirme a la evidencia de cómo son las cosas. Una vez que me he percatado del ladrón, elijo enseñarle amablemente la puerta y acepto que no puedo cambiar la meteorología.

Pero hay un tercer paso importante. El ladrón ha sido identificado y le hemos quitado el disfraz. He detenido el diálogo interior que me roba la felicidad (*Para ser feliz he de controlar*), pero ahora he de dar un tercer paso crítico, que es sustituir.

Sustituir significa que ya tienes a mano un nuevo patrón mental o filtro a través del cual vas a mirar tu vida. En este caso, esa visión alternativa es aceptar cualquier cosa que suceda en cualquier momento y lo que de ella se pueda derivar; es decir, veo que no puedo controlar el futuro o el resultado de una situación, así que le muestro la puerta al ladrón, le echo de mi casa y en su lugar instauro un nuevo sistema de creencias que está abierto a la realidad del momento sea cual fuere, todo ello siendo muy consciente de que lo único que puedo controlar son mis intenciones.

Lo mismo podría hacer mi amiga traicionada. Primero ha de ser consciente de que el ladrón está impidiendo que se vuelva a comprometer plenamente en su relación. Sabe que pueden hacerle daño, pero reconoce que lo único que puede controlar son sus intenciones del momento presente.

Se da cuenta de la presencia del ladrón y lo arresta. Pero luego debe sustituir el filtro del control por el de la aceptación de la realidad del momento presente y la voluntad de aceptar la vida tal como viene. La felicidad y la calma sustituyen a la preocupación.

Por supuesto que tienes razón si piensas: «Esto no es tan fácil». Una mente desentrenada es como la mente del mono. Como me sucedía a mí cuando empezaba a meditar y me frustraba porque no podía apaciguar mi mente. Ahora que ya han pasado unos cuantos años, la meditación me parece algo natural y la mayoría de las veces puedo aquietar mi mente sin problemas. Lo mismo sucede con los ladrones: al principio te costará darte cuenta de que están ahí que has de detenerlos y sustituirlos. Tu mente te dirá que es imposible. Pero no sólo es posible, sino que a menos que detengas al ladrón y lo eches, nunca conseguirás la felicidad permanente.

Te invito a que pruebes lo que he denominado *la tarea de las dos semanas*. Durante quince días, practica ser consciente de cada momento en que creas que necesitas obtener un resultado en particular para ser feliz o que descubras que te estás resistiendo a lo que está sucediendo. Luego practica los tres pasos: darte cuenta de la presencia del ladrón, detenerlo y sustituirlo con las palabras: «Elijo estar plenamente presente y aceptar lo que me ofrece este preciso momento».

Por ejemplo, puede que te encuentres en un atasco de tráfico al final de un día agotador en el trabajo. Estás deseando relajarte en tu sofá en compañía de tu pareja, pero estás encerrado en el coche y no tienes la menor idea de cuándo llegarás a casa. En este instante, observa cómo tu deseo de controlar y tu apego a estar en casa te está robando la felicidad. Arresta al ladrón enseñándole educadamente dónde está la puerta, como si le dijeras: «No me vas a robar». Luego sustituye al ladrón por otro patrón mental nuevo y di: «Elijo estar totalmente presente, aceptar este momento tal como es. Mi felicidad está aquí, no en el resultado de estar en casa». Puede que ahora descubras que tu atención cambia a cómo conseguir ser lo más feliz posible en el atasco de tráfico en el que ahora te encuentras. Como el árbol que creció en una roca del río, busca siempre la forma de florecer, aunque sea en un atasco de tráfico.

Cuando hemos de sustituir patrones mentales, una de las mejores ayudas son los mantras. Un *mantra* es un sonido, palabra o frase que se repite continuamente al meditar o rezar. Aunque *mantra* es una palabra sánscrita que significa literalmente «instrumento de pensamiento» (o herramienta para pensar), las frases y sonidos cortos que los componen están presentes en casi todas las tradiciones orientales y occidentales. Son una excelente forma de entrenar la mente para la felicidad. En la antigua tradición védica eran principalmente sonidos, pero en la actualidad pueden adoptar la forma de una frase o de un conjunto de palabras que se repiten habitualmente para lograr el estado mental deseado.

Un mantra para contrarrestar el deseo de controlar podrían ser las palabras siguientes:

Elijo estar en el momento presente y aceptar las cosas tal como son. La felicidad no está en el resultado que busco.

El control en la sociedad

Como he dicho antes, el mundo tal como lo conocemos, lo que solemos llamar «sociedad», es una extensión de la morada interior de cada individuo. El control afecta a nuestra vida en comunidad de maneras muy profundas.

Un buen ejemplo de ello es nuestro deseo de controlar a los demás intentando que vean el mundo como nosotros. Muchas veces nos enfadamos cuando algún ser querido, o incluso un desconocido, tiene una opinión distinta a la nuestra. Todos estamos aferrados a nuestra propia manera de ver el mundo, y muchas veces eso nos lleva a cerrarnos a la hora de aprender de los puntos de vista de los demás. Gran parte de las rencillas políticas en Estados Unidos, por ejemplo, se deben al deseo de controlar nuestras propias emociones cuando los demás no están de acuerdo con nosotros. Los psicólogos lo llaman *disonancia cognitiva*.

La mayoría de los seres humanos anhelan un mundo interior con pocas contradicciones. En 1957, el psicólogo social Leon Festinger fue el primero en formular la teoría de la disonancia cognitiva, que afirma que las personas tienen una poderosa motivación para guardar una coherencia cognitiva. Queremos conservar nuestras creencias y experimentar el menor conflicto interno posible respecto a ellas, un deseo de controlar el conflicto interior que impide que entablemos un verdadero diálogo con los que no están de acuerdo con nosotros.

Cuando nuestras creencias son puestas en entredicho, se genera una discrepancia, cuya consecuencia es un estado de tensión conocido como *disonancia*. Puesto que esta disonancia es desagradable para la mayoría de las personas, nos sentimos motivados a reducirla o eliminarla para conseguir la *consonancia* o el acuerdo interior entre nuestras creencias y la realidad exterior. Intentamos aliviar el dolor que sentimos por nuestra falta de control buscando información y personas que confirmen nuestra forma de ver el mundo.

El mundo interconectado a través de Internet es el medio perfecto para evitar la disonancia y para que el control domine nuestras relaciones con los demás. Aunque Internet nos ofrece la oportunidad de explorar muchos puntos de vista distintos al nuestro, también nos permite entrar en contacto únicamente con aquellas personas afines a nosotros. Al hacer esto reducimos cualquier disonancia que podamos sentir respecto a que nuestras actitudes y creencias no sean del todo ciertas ni las compartan muchas personas. Queremos controlar nuestro conflicto interno a toda costa, aunque quizás aprendamos algo si nos permitimos experimentarlo. Nos resistimos a la posibilidad de que alguien pueda influir en nuestras opiniones, por muy positivo que sea, y de que como sociedad podamos aprender los unos de los otros, hecho que nos conduciría a compartir una gama más amplia de intereses comunes. Al abandonar la ilusión de que puedo controlar el mundo entero con mi punto de vista, de pronto, albergo la posibilidad de aprender de los demás.

Voy a ser más concreto. Estados Unidos se encuentra dividido desde hace casi dos décadas entre la izquierda y la derecha. La gente tiene miedo de hablar de política con alguien que no sea de su propia ideología política. Muchos amigos me han contado que esas diferencias son la causa de acaloradas riñas en el seno de su familia e incluso en el trabajo. Rara vez se produce algún diálogo productivo entre la izquierda y la derecha. No cabe la menor duda de que esto es malo para el país y para crear una sociedad civil que sea capaz de resolver problemas complejos.

Una de las razones de esta falta de diálogo, aunque no la única, es que todo el mundo intenta protegerse de la disonancia. Nos aferramos a nuestras opiniones, aunque, en última instancia, ese apego obligue a todos los estadounidenses a vivir en una sociedad incívica. Esto muchas veces implica buscar noticias que confirmen nuestros modelos mentales actuales. En las elecciones presidenciales de 2012, por ejemplo, no es de extrañar que la cadena más vista durante la convención republicana fuera la Fox, mientras que durante la convención demócrata las más vistas fueron la MSNBC y la CNN.[10] Porque es bastante probable que la mayoría de los republicanos vieran su propia convención y los demócratas la suya, lo que significa que la mayoría de las personas vieron la cadena de televisión que confirmaba, no que contradecía, su propia ideología, fenómeno que es conocido como *sesgo de confirmación*.

Lo más irónico del caso es que tanto los conservadores como los liberales están tan empecinados en controlar sus creencias sobre el mundo y las que tienen los unos sobre los otros, que básicamente sólo escuchan a las personas que ya están de acuerdo con ellos. De este modo controlan la diso-

---

10. Geoffrey Skelley, "Reviewing the Convention Ratings," *Sabato's Crystal Ball*, 13 de septiembre de 2012, http://www.centerforpolitics.org/crystalball/articles/reviewing-the-convention-ratings.

nancia o el sufrimiento (y su propia ira) que pueden sentir cuando escuchan opiniones que discrepan de las suyas. Mantenemos el control. Pero el problema es que si cada uno de nosotros busca únicamente ratificar sus propias creencias, no se producirá el aprendizaje, ni existirá la posibilidad de conseguir un término medio. Rara vez aprendemos algo hablando con personas que comparten nuestro parecer.

La próxima vez que converses con alguien que no esté de acuerdo contigo u observes algo que contradice tu sesgo de confirmación, identifica al ladrón. Está intentando evitar que sientas la disonancia y que te plantees reconsiderar tus opiniones. En vez de reaccionar aferrándote a tus creencias o encerrándote en ti mismo, sé consciente.

Durante mi estancia en Israel y en territorio palestino en Oriente Próximo, he visto este fenómeno con mis propios ojos. También se puede observar entre los capitalistas del libre mercado y los que abogan por una economía planificada, y entre los que están a favor del desarrollo industrial y los medioambientalistas. El ladrón fomenta que intentemos mantener la disonancia alejada de nosotros, y de este modo nos roba las oportunidades para entablar un verdadero diálogo. Y para una sociedad civil necesitamos diálogo.

Algunas personas argumentarán que no es el control lo que evita que tengamos en cuenta los puntos de vista ajenos o que busquemos información contraria a nuestras creencias más arraigadas, sino la firme convicción moral de que tenemos razón. No pretendo que nadie abandone sus convicciones más firmes, ni estoy dando a entender que algunas creencias no tengan más validez objetiva que otras. Lo que me gustaría que vieras es que cuando intentamos controlar a los demás con nuestra necesidad de que estén de acuerdo con nosotros, tratando de evitar el malestar que nos produce que nuestras opiniones sean puestas en entredicho, estamos creando una comunidad en la cual conseguir que reine la armonía es cada vez más difícil. Nuestro apego a nuestras ideas y creencias puede ser tan destructivo para el bien social como nuestro apego a controlar los acontecimientos y a las personas lo es para nuestra felicidad personal.

La historia de Jack

Cuando era un joven estudiante de Teología en Chicago, en 1980, tuve una experiencia que me demostró el daño que puede hacer el control.

Una de las clases a las que asistía la impartía una profesora que tenía unas ideas muy liberales. La profesora Collins creía que la Biblia no se podía interpretar literalmente; todo lo contrario, nos incitaba a ejercer nuestro pensamiento crítico respecto a cómo llegaron a escribirse las escrituras. Nos decía que muchos de los acontecimientos relatados en los Evangelios, que son la crónica de la vida de Jesús, probablemente no sucedieron como está escrito, y que algunas de las palabras de Jesús puede que le fueran atribuidas por otros posteriormente.

Para mí las clases de la profesora Collins eran duras. Me costaba aceptar que alguien pusiera en duda mis creencias más profundas. El ladrón quería que dejara de escuchar. Pero por difícil que me resultara, creía que era importante contemplar sus ideas y reflexionar a fondo sobre ellas. Pero Jack, uno de mis compañeros de clase, lo pasaba mucho peor que yo. Muchas veces discutía con la profesora en clase. A medida que iba avanzando el semestre, su indignación fue en aumento.

—Jack, ¿por qué dejas que ella te afecte de esta manera? Sólo es una clase y ella no es más que una profesora —le pregunté un día.

—John, podría dejarlo estar, pero ¿y si tiene razón? —me respondió tras reflexionar un momento.

En ese instante entendí perfectamente lo que en realidad estaba sucediendo. Jack no quería tener que afrontar el reto que le planteaban las nuevas ideas. Quería controlar su sistema de creencias, aferrarse al dulce que hay dentro del coco, aunque ahora sintiera que le mantenía encadenado. Su apego a que esas creencias fueran lo que le proporcionaba la felicidad era la causa de su sufrimiento.

Al final, estuve de acuerdo con algunas de las conclusiones de la profesora Collins y en desacuerdo con otras. Pero al permitirme reconocer que podía aprender incluso cuando existía disonancia, amplié mi educación y mi fe se hizo más profunda. Estar en el presente se convirtió en una fuente de fortaleza. Seguí en el seminario y fui ordenado ministro presbiteriano. Jack dejó los estudios y, que yo sepa, abandonó su idea de dedicarse a la Iglesia.

Abrir el puño

Este ladrón nos roba felicidad personal y armonía social. Si dejamos que tome las riendas de nuestra vida seremos como esos monos con el puño cerrado dentro de una trampa, que no pueden escapar hasta que al final sueltan su recompensa. El control es una ilusión; rendirse y aceptar lo que nos traiga la vida en todo momento es el camino hacia la satisfacción, la atención sin tensión, vivir el presente sin apego.

En el Camino de Santiago pasé por León, que es una ciudad a la que siempre había soñado ir. No sé por qué razón pensaba que llegar allí me aportaría mucha felicidad, pero cuando vi la ciudad por fin pude abandonar todas mis ideas y vivir el presente. De ahí surgió este poema:

Habías soñado mucho con León, pero ahora que la has visto, apenas puedes Recordar por qué te importaba tanto.

Todos los Leones de nuestra vida Son una distracción del Ahora.

El presente, Ábrete a todo lo que pueda revelarse.

Antes fuiste un hombre que siempre soñaba con destinos lejanos donde estabas seguro de que residía la Felicidad.

Pero lenta y amablemente, te estás dando cuenta de que no hay un Allí.

Sólo un aquí, sólo un Ahora.

El único sitio adonde siempre llega la felicidad.

Cuatro formas de alejar al primer ladrón

- Acepta en todo momento las cosas tal como son. Controla e influye en lo que puedas, a la vez que eliges aceptar lo que sucede en cada momento.

- Acepta las duras verdades de la vida. La muerte, el sufrimiento, el dolor, la soledad y la tristeza forman parte de la experiencia humana, igual que la dicha, la vida, el compañerismo y la felicidad. Recuerda que anhelar que las cosas sean de otro modo, no la circunstancia en sí, es lo que te roba la felicidad.

- Sé consciente de que no puedes controlar ni el pasado ni el futuro. Cuando sufras por el pasado o te preocupes por el futuro, acepta que lo único real es el momento presente y elige regresar tranquilamente a él.

- Practica los tres pasos durante dos semanas: darte cuenta, detenerlo y sustituirlo. Sé consciente del control y empieza a acostumbrar a tu mente a que ha de expulsar al ladrón de tu casa. Esto exige práctica, pero cuando la domines florecerá tu contentamiento natural.

Mantra

Elijo estar en el momento presente y aceptar las cosas como son. La felicidad no está en el resultado que busco.

3

El segundo ladrón: la arrogancia

El siguiente ladrón es uno de los más hábiles hurtadores de felicidad. Quizá sea la gran barrera contra la verdadera satisfacción e incluso el bienestar social. El segundo ladrón de la felicidad es la *arrogancia*: sobrevalorar tu importancia personal, creer que estás separado de los demás y que sólo puedes encontrar la felicidad destacando del resto. Otra palabra para este ladrón es *ego*.

La arrogancia se basa en la idea de la separación. Cuando nos consideramos diferentes de los demás, de la comunidad, e incluso de la propia vida, nos centramos tanto en nuestra identidad limitada que perdemos de vista nuestra verdadera naturaleza. Uno de los grandes descubrimientos de la física cuántica moderna es la conexión entre la materia y la energía. Los átomos separados por el tiempo y el espacio influyen sobre otros átomos, a pesar de que no exista conexión física. La separación tal como la conocemos bien podría ser una ilusión.

Este ladrón hace que nos obsesionemos constantemente con nuestro lugar en el mundo. Siempre nos está haciendo preguntas como éstas: *¿Cuál es mi clase social? ¿Cuál es mi rango? ¿Cómo encontraré la felicidad? ¿Qué sucederá cuando muera? ¿Por qué estoy aquí? ¿Dónde encajo yo? ¿Soy importante?*

¡Siente el peso de estas preguntas! El *yo* y el *mi* son la esencia de la arrogancia, y siempre que nuestro mundo gira en torno al ego, estamos destinados a perder la felicidad que es nuestra por derecho propio.

Imagina por un momento que para ti la felicidad fuera la conexión con el todo, en lugar de la separación del mismo. ¿Y si no tuvieras que encontrar tu lugar para ser feliz? ¿Y si ya formaras parte de una totalidad que tuviera un sentido? ¿Y si fuera tu obsesión por tu propia felicidad y tu ego lo que te estuviera robando la felicidad? Es decir, ¿podría ser que aquello que crees que es el origen de tu felicidad fuera la causa de tu desdicha?

El mito de Narciso

El segundo ladrón es como Narciso, una de las figuras más conocidas de la mitología griega. Narciso era un cazador famoso por su belleza. Estaba tan centrado en sí mismo que rechazaba y menospreciaba a las doncellas que se enamoraban de él. Incluso dio muerte con su espada a una de ellas en la propia puerta de su casa. Ella, antes de morir, imploró a los dioses que le dieran una lección a Narciso por todo el sufrimiento que ocasionaba a los demás.

Esa lección se materializó cuando Narciso se acercó a un estanque para beber y vio su hermosa imagen reflejada en el agua. Al ver su propio reflejo quedó prendado de sí mismo. Aunque existen muchas versiones del mito, varias dicen que se quedó junto al lago intentando en vano apresar el objeto de su deseo. Cada vez que tocaba el agua para abrazar su imagen, ésta desaparecía. Al final, la tristeza le condujo a quitarse la vida.

Aunque podamos pensar que el mito de Narciso no es más que una historia sobre la belleza física, hay una lección más profunda que aprender de ella. El ego —y centrarnos en el yo como fuente de nuestra propia felicidad— se parece bastante a la belleza que el hermoso griego buscaba en su propio reflejo. Es importante que nos demos cuenta de que se quitó la vida porque no podía poseer la imagen de su propio ego. Aquello que él buscaba —que es lo que todos buscamos— sólo se puede hallar cuando apartamos nuestros ojos del ego y miramos hacia arriba. Uno de los ancianos que entrevisté para escribir *Los cinco secretos* me dijo: «Lo más irónico sobre la felicidad es que cuando la buscas para ti, te evita, pero cuando alzas la mirada y te entregas a una causa superior, es la felicidad la que te encuentra».

En el fondo, todos sabemos que esto es cierto, porque nuestros momentos más felices rara vez han sido aquellos en los que hemos estado centrados en nosotros mismos, sino aquellos en los que nos hemos olvidado de nuestros problemas para ocuparnos de otra cosa. También sabemos que cuanto más nos preocupamos de nosotros mismos y de nuestra pequeña y singular historia, más fácil es que nos perdamos. La ironía es que definir la felicidad desde una perspectiva individual es una idea relativamente moderna. Durante miles de años, la felicidad humana se definía como la felicidad tribal, como aquello que era bueno para toda la tribu. No es que el individuo no importara, sino que la felicidad era principalmente el bienestar para el bien común.

El ladrón y el miedo a la muerte

Podría decirse que el mayor temor que compartimos todos los seres humanos es el miedo a la muerte. Muchas de nuestras fobias, como el miedo a volar, a las serpientes, a la altura, u otras, normalmente se deben a este temor primordial. El miedo a la muerte, como no podría ser de otro modo, se origina en la importancia que le concedemos al ego y al yo, como identidad singular separada del todo. Tenemos miedo a morir precisamente porque pensamos que sólo somos un ego individual separado.

Cuando el Buda se sentó bajo el árbol de Bodhi en busca de la iluminación, parte de lo que descubrió fue que el origen de todo el sufrimiento era estar separados de nuestra verdadera identidad. Ésta no es un yo separado, sino uno que forma parte de una conversación de mayor importancia; que empezó mucho antes de que naciéramos en esta iteración y que seguirá mucho después de que muera el cuerpo en el que habitamos. Cuando nos alejamos de esa verdad buscando la felicidad en la imagen de nuestro pequeño ego, la infelicidad se convierte en nuestra compañera.

En relación con lo dicho, incluso nuestra obsesión con el Cielo o la vida después de la muerte puede parecer disfuncional. Ya somos eternos, porque todos tenemos un mismo origen y regresamos a él. Jesús regañó una vez a sus discípulos por su estrechez de miras, por preguntarse con qué mujer se casaría un hombre que tuviera varias esposas cuando estuviera en el más allá. Si nos imaginamos nuestra vida potencial en el más allá como una mera extensión del mundo vinculado al ego que nosotros mismos hemos creado, perdemos de vista que nuestra verdadera naturaleza es la conexión, no la separación.

Desapegarte de tu propia historia

Uno de los mejores ejemplos de esta fijación con el ego es lo aferrados que estamos a la importancia de nuestra propia historia. Te invito a observar la forma en que muchas personas hablamos de nuestra vida. Estamos obsesionados con nuestra versión sobre nuestra propia felicidad, nuestro viaje para descubrir quiénes somos y qué hacemos aquí, y con todas las dichas y desdichas que forman nuestra experiencia individual. Nuestra desdicha se debe en gran medida a que nuestra historia personal no encaja con la versión idealizada que hemos creado sobre cómo debería ser nuestra vida.

En el Camino de Santiago, muchos días anduve solo durante horas por los campos de España. Había momentos en que me daba cuenta de que me bloqueaba pensando en la historia de mi vida. Pero también había muchas horas en que no quería hablar, ni siquiera conmigo mismo. En lugar de obsesionarme con mi vida y hacia dónde me encaminaba, simplemente vivía el presente, conectado con todo lo que me rodeaba. No me sorprende que mis mejores momentos durante el trayecto fueran aquellos en los que dejé de pensar en la historia de mi vida, y estuve presente *en* ella sin realizar comentarios obsesivos. Al ladrón le encanta que nos obsesionemos con nuestra pequeña historia.

Ahora imagina por un momento que tienes otra visión del mundo, lo que puede ser muy difícil para algunas personas. Imagínate que levantas la mirada del estanque en el que has estado mirando tu propia imagen, en la creencia de que ésa era la fuente de tu felicidad y la verdad sobre el mundo. Cuando miras hacia arriba, te das cuenta de que no estás solo. Estás aquí gracias a una larga cadena de ADN cuyo origen no alcanzamos a recordar o ni siquiera podemos llegar a imaginar. En ese sentido, siempre has formado parte de este gran linaje de la vida. Empiezas a ser consciente de tu naturaleza eterna y conectada.

Ahora entiendes que los que han muerto están vivos dentro de ti, del mismo modo que tú vivirás en todo lo que venga después de ti. Tu vida tiene sentido porque forma parte de una historia mayor sobre la revelación de la vida en el universo. No tienes ningún defecto, no has fracasado en alcanzar ninguna meta, no estás cometiendo ningún error en el camino de la historia de tu vida en estos momentos; nada de esto puede excluirte de la conversación general de la cual formas parte. No tienes que hacer nada para ganarte el derecho a formar parte de esa entidad mayor, con la salvedad de que al reconocer que eres parte de la misma, que estás unido a ella, deberías emplear tu vida para aportar algo a ese bien común. En ese momento, todos los temores —a la muerte, a ser insignificante, a no encontrar la felicidad personal— se disuelven en la belleza de la única cosa que parece rodearte, pero en la que realmente ya estás integrado.

Quizá pueda ayudarte a comprender mejor este punto una analogía de nuestra galaxia. Cuando miras al cielo en una noche oscura, lejos de las luces de la ciudad, ves claramente una densa constelación de estrellas que parece una película en blanco que lo salpica. La Vía Láctea se ve de ese modo porque la galaxia está tan abarrotada de estrellas que la luz que irradia cada una se fusiona con la de las estrellas colindantes. Se calcula que puede que haya cuatrocientos mil millones de estrellas en la galaxia y quizá cien mil millones de planetas. A simple vista, la Vía Láctea parece que está «allí lejos», cuando en realidad nuestro sistema solar está justo en medio. Aunque parezca que estamos fuera, estamos dentro de ella. Esto es lo que la arrogancia nos impide ver.

No estamos separados de los demás ni de la vida, sino que somos el mismo centro de ésta. Lo que nos parece separación sólo es un espejismo. La física cuántica propone que incluso el tiempo podría ser ilusorio y que todo lo que está sucediendo y sucederá quizá ya esté sucediendo a un mismo tiempo. Por increíble que parezca, es una prueba de cómo podemos vivir bajo el engaño de creer que algo es totalmente cierto, como el tiempo o nuestro ego, aunque no sea así.

El servicio: la fuerza opuesta

Cuando entrevisté a las 250 personas sabias para *Los cinco secretos*, me sorprendió un poco descubrir que la mayoría de los que se consideraban felices no estaban centrados en sí mismos. Casi todos me dijeron que la verdadera fuente de la felicidad era una vida dedicada a servir a los demás y a dar. Todos los grandes maestros nos lo han dicho, pero normalmente no hacemos caso de estas palabras, aunque vaya en nuestro propio detrimento. El ladrón quiere que inclinemos la cabeza hacia el agua en un intento desesperado de que encontremos la felicidad en nuestro pequeño ego y en sus logros, cuando en realidad sabe que la felicidad duradera sólo se puede encontrar entregándonos a los demás.

Del mismo modo que la fuerza opuesta al control es la rendición, la fuerza opuesta a la arrogancia es el *servicio*. De nuevo la naturaleza puede ser una gran maestra. La bióloga Janine Benyus, autora de *Biomímesis, Innovaciones inspiradas por la naturaleza,* me dijo una vez que el propósito de la naturaleza era alargar la vida y mejorarla. Este hecho es algo que toda la naturaleza parece recordar, salvo los humanos. Cuando contribuimos al bien común, estamos en el lugar natural que nos corresponde, conectados con nuestra verdadera naturaleza. La naturaleza en general no necesita reflexionar sobre este fin, simplemente actúa para favorecer la perpetuación y la extensión de la vida.

Nuestro pequeño ego, esa imagen reflejada en el agua que desaparece, morirá, pero lo que aportamos a la conversación general y a la evolución de la vida sigue vivo. Y no lo hacemos sólo por las generaciones futuras. Las investigaciones han demostrado que las personas que realizan regularmente actos de amabilidad por los demás, en realidad son mucho más felices que las que viven más centradas en sí mismas.[11] Cada mañana al levantarnos, en lugar de pensar qué que me deparará el día de hoy, mejor que te preguntes: «¿Qué puedo ofrecerle hoy al mundo?»

Narciso quería la imagen que veía reflejada en el estanque, pero cada vez que metía la mano en el agua para intentar tocarla ésta desaparecía, por supuesto. Lo mismo sucede cuando se vive bajo la tiranía de la arrogancia. Siempre estamos intentando hallar la felicidad concentrándonos en nuestro propio y diminuto yo, cuando en realidad sólo podemos hallarla levantando la cabeza y mirando lo suficientemente lejos como para darnos cuenta de que formamos parte de una historia mucho más grande. Esto es lo que sabía el Buda. Esto es lo que Jesús y todos los grandes maestros han intentado decirnos.

En esa quietud no hay aguas turbulentas y podemos ver quiénes somos de verdad.

Mis momentos más felices en el Camino fueron aquellos en los que me encontraba a alguien y sentía que podía serle útil de alguna manera. Esto me sucedió en muchas ocasiones. Recuerdo claramente a una joven italiana de veintitantos años, a la que conocí cuatro días antes de finalizar mi viaje. Ella ya había llegado a Santiago e iba de regreso, lo que suponía varios meses de caminata. Nos conocimos una tarde muy calurosa y al verla caminar en dirección opuesta, que no era lo habitual, me llamó la atención. Cuando le pregunté por qué regresaba, me respondió: «Estoy muy enferma y lle-

11. Kathryn Buchanan y Anat Bardi, "Acts of Kindness and Acts of Novelty Affect Life Satisfaction," *The Journal of Social Psychology* 150, n.º 3 (2010): pp. 235–237. doi: 10.1080/00224540903365554.

vo cuarenta días recorriendo el Camino; ahora voy de regreso». Se puso la mano en el abdomen, indicándome de ese modo que era la zona afectada. No sé cómo, pero supe que tenía cáncer.

Ambos nos quedamos un momento de pie mirándonos a los ojos. Había algo en su mirada que transmitía que necesitaba conectar con alguien. Le pregunté si podía abrazarla y me sonrió. El breve y cálido abrazo que nos dimos me conectó con su dolor, y espero que ella conectara con mi compasión. Me miró con lágrimas en los ojos y simplemente me dijo: «Gracias». No la vi más y estoy seguro de que no volveré a verla, pero creo que fue uno de los momentos más felices de todo el camino. En ese instante, mis preocupaciones sobre mi propia felicidad y mi pequeño ego desaparecieron por completo.

Otra de mis experiencias allí fue darme cuenta de que hacía 1.200 años que miles de personas lo recorrían. Lo que a su vez me ayudó a ser consciente de que estaba conectado con todas esas personas sin rostro ni nombre en nuestra búsqueda humana común del sentido de la vida. De este modo, reconocí en un nivel más profundo que la búsqueda en sí misma era más importante que mi pequeña participación en ella. Cuando llegué al punto más alto del Camino, donde las personas dejan las piedras que traen de casa como símbolo de algo que quieren dejar atrás, literalmente descubrí miles y miles de piedras que la gente había ido dejando allí durante siglos.

Al ver tantas piedras obtuve dos posibles respuestas. El ladrón querría asegurarse de que mi piedra destacara o bien se desanimaría al ver que la mía era una más entre la de tantos otros peregrinos. Pero la fuerza opuesta, es decir, ser consciente de mi conexión con todos los demás peregrinos e incluso con la propia búsqueda, me hizo esbozar una sonrisa en los labios. Cuando puse la piedra en la pila, me incliné para dejar atrás mi necesidad de ser grande desde la perspectiva del ego y poder servir con todo mi corazón.

Me había tomado un año sabático en parte para decidir qué iba a hacer con el resto de mi vida. Cuanto más caminaba, más seguro estaba de que concentrarme en mi propia felicidad y en servir a mi pequeño ego no me aportaría ninguna. Lo que necesitaba dejar atrás para encontrar la felicidad más profunda era la propia separación.

Expulsa al ladrón de tu casa

Creo que ya te habrás dado cuenta de cómo nos roba la felicidad la arrogancia. Ahora hemos de seguir los mismos tres pasos para expulsar de casa al ladrón: darte cuenta (atraparlo), detenerlo (arrestarlo) y sustituirlo (reformarlo).

Recuerda que cada ladrón viene disfrazado. La arrogancia se disfraza muy bien, nos hace creer que estamos separados de los demás y de la vida. Este ladrón nos ofrece una bonita imagen en un estanque llamado ego e intenta convencernos de que mirarla nos dará la felicidad. Es un mentiroso, hace que nos sintamos separados, solos y que necesitemos hacer algo para justificar lo que valemos.

Siempre que nos enfoquemos en la felicidad de nuestro pequeño yo, nos encontraremos con él. Pretende que nos centremos en nuestra pequeña historia, en vez de hacerlo en el guión general del que siempre hemos formado parte. Obsérvalo en ese momento; quizás hasta puedas hacerlo con compasión. De hecho, a la mayoría de los ladrones hay que compadecerlos, más que despreciarlos. ¡Qué pena que este ladrón se haya esforzado tanto durante tantos años para proteger al ego, para intentar demostrar lo que vale, para encontrar la manera de diferenciarse de todas las demás cosas! Siente compasión por esta parte de ti que se siente exiliada de todo lo demás.

Pero la compasión no significa que tengas que aceptar la conducta del ladrón. Todavía tienes que arrestarlo, porque si no lo haces estropeará todo lo que toque. Con amabilidad y sin juzgar, hazle saber que te has dado cuenta de que existe otra verdad superior. Eres eterno y estás conectado con todo lo que ha habido antes que tú y con todo lo que habrá. Recuerda que la felicidad sólo la encontrarás cuando levantes la mirada de tu pequeño yo. Siente la libertad de ser un peregrino cuya búsqueda se extiende mucho más allá de ti.

Y entonces, sustitúyelo, por supuesto. ¿Qué patrón mental o filtro podría sustituir a la arrogancia? Cuando te des cuenta de que tienes miedo de morirte, recuérdate que ya eres eterno, que estás conectado con todo lo que fue y será. Lo irreal es la separación, no la conexión. Cuando pienses que la clave de la felicidad es enamorarte de tu propia historia, recuerda que la felicidad sólo la encontrarás mirando hacia arriba.

Repite este mantra:

Estoy conectado con todo lo que es, y si puedo contribuir al bien de la totalidad, la felicidad me encontrará a mí.

No olvides que expulsar a los ladrones es una práctica parecida a aprender a meditar o al entrenamiento en el gimnasio. Al principio te costará, pero pronto, con un poco de práctica, pasará a formar parte de ti mismo.

La arrogancia en la sociedad

La arrogancia y considerarnos a nosotros mismos, o incluso a nuestra especie, como el centro del mundo también va en detrimento del futuro de la humanidad. La destrucción general de todo, desde los arrecifes de coral hasta la extinción de miles de especies, la llevan a cabo esos humanos que piensan que el mundo existe para nuestro disfrute, en lugar de darse cuenta de que formamos parte de él. En última instancia, la naturaleza recompensa la cooperación, no la arrogancia y el egocentrismo.

A finales de la década de 1960, el doctor James Lovelock y la doctora Lynn Margulis formularon una teoría que denominaron la hipótesis Gaia. Se basa en la idea de que el planeta Tierra podría ser un organismo gigante, en vez de millones de entidades individuales. En lugar de considerar las distintas especies como parte de él, su verdadera esencia serían todas las especies y la suma total de sus relaciones. Esta hipótesis postula que sin la interrelación cooperativa de todos estos organismos, la Tierra simplemente no sería el planeta que conocemos.[12]

---

12. Para saber más sobre la hipótesis de Gaia, véase http://www.gaiatheory.org/overview.

Los seres humanos estamos totalmente integrados en la naturaleza, y al mismo tiempo desempeñamos un papel específico en su historia. Es evidente que dependemos tanto del resto de la naturaleza como cualquier otra especie, porque nuestro clima, nuestros alimentos, nuestro aire e incluso la envoltura básica de la vida, denominada «atmósfera terrestre», son el resultado de la interacción de millones de especies. Sin esta red, la vida humana dejaría de existir (y nunca habría llegado a producirse). Pensar que todo lo demás que vive y respira sobre la Tierra está aquí para que nos beneficiemos de ello, es el colmo de la arrogancia.

Aunque formamos parte de la naturaleza, nuestra función es especial. De hecho, de todas las especies que habitan la Tierra, nosotros somos los únicos capaces de pensar en el futuro a largo plazo y en el pasado lejano para dar sentido al camino que nos ha traído hasta aquí y para tomar decisiones conscientes sobre el futuro de la vida en el planeta.

Considero que los creyentes de Occidente malinterpretaron la Biblia cuando dedujeron, a partir de los grandes mitos subyacentes a nuestra sociedad occidental, que fuimos creados «a imagen y semejanza de Dios», cosa que se convirtió en un motivo de arrogancia, cuando debería haber sido motivo de humildad. Dios o los dioses, como se los han imaginado siempre los humanos, son fuerzas creativas. La naturaleza de Dios o de los dioses es crear. Ser creados a imagen y semejanza de Dios no nos hizo especiales; de hecho, nos dio más responsabilidad, porque fuimos hechos para crear, fomentar la vida, ampliar y mejorar la creación.

Con los seres humanos sucede una de estas dos cosas: o bien estamos hechos a imagen y semejanza de Dios o somos lo más cercano a Él que conocemos. No quiero decir que seamos omnipotentes, todopoderosos, invencibles o algo aún más importante, sino que tenemos la capacidad de poder pensar en el futuro y tomar decisiones creativas o destructivas.

La arrogancia nos hace ir por un camino en el que debido a nuestro egoísmo y a nuestra búsqueda de la gratificación inmediata, puede que acabemos por estropear el gran experimento de la vida en la Tierra. Pero, si por el contrario, podemos reformar al ladrón y darnos cuenta de que el mundo no está aquí para servirnos, sino a la inversa, quizá no sólo nuestra felicidad, sino también nuestras posibilidades de supervivencia puedan mejorar.

La tribu y el ego

Para la sociedad la tribu y la especie son como un representante del ego. Las ideas de tribu y especie pueden parecer algo más nobles que el ego, pero son una mera extensión del patrón mental egotista que nos roba la felicidad. En lugar del yo como entidad separada de todo, ahora tenemos un sentido de separación colectivo. Pero como en realidad no existe el «nosotros» ni el «ellos», cuando permitimos que la pobreza y el sufrimiento se ceben en otras personas, en realidad nos estamos empobreciendo nosotros. Ésta es la gran ilusión que este ladrón pretende hacernos creer: concéntrate en tu familia, en tu tribu, en tu país, en tu especie y encontrarás la felicidad.

Sin embargo, la desigualdad genera resentimiento. Fomenta el odio y la ira, y se convierte en terrorismo o en el terreno fértil donde personas desquiciadas como Adolf Hitler pueden alejar a las personas de su verdadera naturaleza y conducirlas hacia el lado oscuro. En realidad, sólo cuando levantemos la mirada y nos concentremos en el bienestar de todos los que nos rodean —seres humanos y vida salvaje— podremos construir un mundo sostenible para nosotros y para las generaciones futuras.

Cuando nos concentramos sólo en nuestra propia riqueza, creamos un mundo donde hemos de construir muros para defendernos de los que tienen menos. Ponemos barreras para mantenerlos a raya, no sea que nos quiten lo que es nuestro, y a la larga lo convertimos en un mundo en el que a nadie le gusta vivir.

Un amigo mexicano me contaba lo difícil que era ganarse la vida en un país pobre. Aunque su familia vivía bien, su casa estaba dentro de una urbanización vallada y con guardas de seguridad armados; temían por su vida cada vez que salían a comprar, y a él ya le habían atracado dos veces a punta de pistola cuando iba acompañado por sus dos hijos pequeños. Ellos eran ricos, pero la desigualdad que había a su alrededor les hacía vivir con miedo. Ésta es la hipótesis Gaia en la sociedad: cuanto más nos concentremos en la interdependencia, en el éxito de todos, más fácil será crear un mundo donde podamos ser felices. Si estamos dispuestos a sacrificar parte de nuestra riqueza para crear una sociedad donde no exista la pobreza extrema, nosotros nos beneficiaremos de ello tanto como los que tienen menos.

¿Por qué hemos sobrevivido los humanos?

El *Homo sapiens*, tal como hemos mencionado antes, era sólo una más entre las numerosas especies de humanoides que evolucionaron sobre la Tierra, pero fuimos los únicos que sobrevivimos. Las razones de nuestra supervivencia todavía siguen siendo un misterio, sólo tenemos unas pocas pistas que pueden explicar la razón por la que congéneres como los neandertales se extinguieron y nosotros no. La expresión peyorativa: «Es un neandertal», demuestra la creencia generalizada de que los *Homo sapiens* sobrevivimos porque éramos más inteligentes que nuestros congéneres. No obstante, parece que la verdad es algo más compleja.

Una de las hipótesis más convincentes sobre nuestro éxito final es el papel que desempeñaron los mitos y las historias en el desarrollo de la cooperación entre los *Homo sapiens*. Nosotros fuimos, al menos según las pruebas que tenemos hasta ahora, los únicos humanoides que crearon historias e ideas abstractas que nos ayudaron a crear vínculos de cooperación entre grandes grupos de desconocidos. Las leyendas más ancestrales no sólo mencionaban dioses, sino también creencias respecto a quiénes éramos y cómo estábamos relacionados los unos con los otros y con el resto del mundo. Los mitos posteriores giraban en torno a la democracia o a un conjunto de valores comunes esenciales.

Independientemente de la variedad de leyendas existente, su propósito era claro: la aceptación generalizada de dichas leyendas y mitos favoreció nuestro sentido de cooperación y de pertenencia a una tribu, incluso entre desconocidos.[13]

---

13. Para una información completa sobre esta hipótesis, léase el maravilloso libro de Yuval Noah Harari, *Sapiens: A Brief History of Human Kind,* Harper-Collins, Nueva York, 2014. (Versión en castellano: *De animales a dioses: breve historia de la humanidad*, Debate, Barcelona, 2014).

Los seres humanos necesitan una leyenda nueva

Según parece las leyendas son una característica exclusiva de los humanos. Son muy poderosas y durante milenios fueron uno de los principales medios de comunicación entre humanos. Las leyendas unen, pero también dividen. Hemos librado y seguimos librando muchas batallas de toda índole basándonos en nuestras leyendas enfrentadas. Una leyenda adaptativa podría favorecer el éxito de la supervivencia de la raza humana, mientras que una que fomentara la inadaptación podría conducirnos a la extinción.

Una gran parte de la historia de la humanidad ha estado sujeta en el pasado y sigue estándolo en el presente a las leyendas religiosas, también conocidas bajo el nombre de mitos. Utilizo el término *mito*, pero no como se suele utilizar en la sociedad moderna. La mayoría de las personas considera que los mitos son historias fantásticas sin fundamento real. De ahí frases como: «Esto es un mito urbano». Pero aquí lo estoy utilizando en el sentido de que es «una historia compartida dentro de una cultura de la raza humana, cuya finalidad es transmitir un mensaje significativo». Por consiguiente, un mito puede ser cierto, aunque no se base en hechos reales. Su finalidad principal *no* es ser un hecho histórico, sino dar un sentido. Para ilustrar el poder de una leyenda común, analizaremos una que ha influido en la relación que ha tenido Occidente con la naturaleza y que en cierto modo todavía mantiene.

La versión hebrea de la Creación es una leyenda muy poderosa sobre la identidad de los humanos. El relato dice que Dios creó los cielos y la tierra en seis días. El Corán también dice que el mundo fue creado en seis días, aunque la palabra que utiliza no significa literalmente un día. La secuencia de la Creación es, de un modo fascinante, idéntica al orden en que las pruebas científicas indican que se desarrolló la vida. En un principio no había nada, luego se crearon los cielos, luego la tierra, luego las criaturas marinas, luego las de la tierra y el cielo y, por último, los seres humanos. Esta cautivadora historia sitúa a los seres humanos en el centro. Nosotros fuimos los últimos en ser creados, a «imagen de Dios», y a quienes se les dio el «dominio» sobre plantas y animales. Son para nuestro uso y nosotros estamos al mando.

Ésta es una visión de la humanidad, la historia de quienes somos: los explotadores, la especie que prospera a expensas de todo lo demás. Somos Narciso contemplando nuestra propia imagen y enamorándose de ella. Estamos separados de la naturaleza, esclavizándola para cumplir nuestro destino. Una gran parte de la condición humana actual se debe a esta visión que tenemos de nosotros mismos, sea cual sea el relato que un individuo o un grupo emplee para justificarla. En esta leyenda hemos cumplido nuestro destino bajo la guía divina: hemos conquistado la naturaleza, nombrado a todas las cosas vivas de la Tierra y las hemos expropiado para usarlas en nuestro beneficio.

Por supuesto, no todas las leyendas nos sitúan en el centro de la naturaleza. Muchos mitos indígenas concedían al resto de las criaturas la misma chispa divina que se encuentra en los humanos. Los animales y las plantas tenían tanto espíritu como nosotros. Muchas personas opinan que la expoliación de la naturaleza realizada primeramente por los europeos y después, por los norteamericanos, fue propiciada por esta leyenda que nos sitúa en el centro de la naturaleza y hace que nos consideremos ajenos a ella. Éramos los únicos poseedores de la herencia divina.

Con lo que no habíamos contado era con que, en realidad, nunca hemos estado separados de la naturaleza, pues formamos parte integral de ella. Tal como describe el Génesis, en efecto; fuimos los últimos en ser creados, pero esos siete días fueron en realidad miles de millones de años. Incluso el papa Francisco ha sugerido recientemente que los católicos deberían creer en la evolución. En términos evolutivos, toda la naturaleza ha tenido que crecer, evolucionar, desarrollarse y mutar hasta hace tan sólo un momento, que fue cuando nosotros entramos en escena.

Por eso muchas personas se sorprenden cuando descubren que la palabra que indica tener «dominio» en la historia de la creación judía, es básicamente una mala traducción de la palabra hebrea original *radah*, que tiene una connotación de realeza, por lo que *dominio* se entendía más en el sentido de ser un rey o un gobernante. Las escrituras judías definen más adelante como buen rey a alguien que se preocupa por las personas y por los necesitados. Un rey malvado gobierna haciendo sufrir a sus súbditos. En este sentido, el tipo de dominio que según el mito nos fue concedido sobre la naturaleza es el de cuidadores benevolentes, es decir, que nos fue otorgado un papel especial en la naturaleza: el de cuidadores del jardín.

Creo que éste es el papel que la humanidad tiene la oportunidad de reclamar ahora: la ocasión de ser la fuerza consciente de la evolución, la fuerza que mira al futuro, que tiene en cuenta a todos los seres vivos sobre la Tierra, incluidos los seres humanos, y que elige el camino de proteger el gran experimento de la vida en este planeta.

También hay muchas personas que no tienen una visión religiosa sobre el origen de la vida, sino científica. Creen que hubo un Big Bang, al que siguieron miles de millones de años de evolución y selección natural que culminaron en el mundo que hoy conocemos. Tanto si creemos que estamos aquí por elección como por oportunidad cósmica, la humanidad necesita un relato unificador sobre quiénes somos en este momento de la historia, una leyenda que tenga la fuerza suficiente como para guiarnos por esta etapa peligrosa y oportunista de nuestra evolución.

Me parece que hemos gastado demasiada energía discutiendo sobre estos dos sistemas de creencias antagónicos y no hemos dedicado el tiempo suficiente a indagar de qué forma estas dos variantes de la historia pueden llegar a conducirnos a hallar un sentido común para el viaje de la humanidad. Necesitamos una leyenda unificadora que pueda galvanizar una acción coordinada por miles de millones de personas.

Qué puede enseñar a la humanidad una pequeña tribu de cazadores

El ladrón pretende hacernos creer que somos explotadores y egoístas por naturaleza. Pero esto no es lo que somos, sino en lo que nos hemos convertido bajo su influencia.

Las primeras pistas de la necesidad de una nueva leyenda las descubrí en 2006, cuando pasé un tiempo con la tribu de los hadza en Tanzania central. Con un número inferior al millar, son una de las pocas sociedades de cazadores-recolectores que quedan en el mundo. La mayor parte del tiempo, viven como vivían los humanos hace miles de años, antes de la revolución agrícola. Aunque carecen de prácticamente todo lo que consideramos comodidades modernas, su sociedad tiene mucho que enseñarnos.

Los hadza tienen pocas posesiones materiales y comparten casi todo lo que poseen. Los hombres y las mujeres ejercen diferentes roles (cazar y recolectar), pero aparte de eso, existe una casi plena igualdad social. No hay una jerarquía permanente, ni siquiera elegida. En la historia de los hadza, no se conocen antecedentes de hambrunas. La violencia entre ellos es algo excepcional.[14]

Hay varias razones por las que no tienen registros de hambrunas. Por una parte, como no practican la agricultura y dependen de la caza y la recolección, las comunidades hadza se desplazan de un lugar a otro en busca de alimento. Puesto que es una sociedad comunal y compartir es un valor básico de su cultura, toda la comida se reparte. Por último, las sociedades de los cazadores-recolectores se caracterizan para rara vez saturan el ecosistema en el que viven. La población está controlada naturalmente.

Una tarde del mes de marzo de 2006, varios amigos y yo nos sentamos con cinco ancianos de la tribu. A medida que se

---

14. Para saber más sobre los hadza este artículo ofrece un estupendo resumen: Michael Finkel, "The Hadza," *National Geographic*, diciembre, 2009, http://ngm.nationalgeographic.com/2009/12/hadza/finkel-text.

ponía el sol el contorno de las rocas se fue volviendo de color naranja brillante y empezaron a contarnos su leyenda de la creación. Es una historia compleja donde hay una criatura gigante tan inmensa que «los elefantes colgaban de su cinturón». Este gigante había asesinado a todas las personas de esa parte de África, a excepción de una joven a la que tomó como sirvienta. Al final, esta joven se enamoró de un hombre que había surgido del «árbol de la miel», pero los amantes no podrían estar juntos hasta que pudieran liberarse del gigante. Los animales de las llanuras africanas pronto se pusieron en pie para ayudarles a escapar, y la tribu hadza surgió de esta pareja.

El principal narrador de la historia fue un anciano llamado Campolo, pero los demás añadieron algún que otro detalle. La historia empezó a alcanzar su momento álgido cuando Campolo contó que mientras la joven pareja huía del gigante, una enorme serpiente de garganta azul salió en su ayuda. En este momento, el resto de los ancianos intervinieron discutiendo durante unos minutos entre sí sobre la trama del relato, hasta que él, el más anciano de todos, prosiguió.

Daude, nuestro invitado y principal intérprete, no podía parar de reírse. Cuando le preguntamos por qué se reía, respondió: «Los ancianos discutían por el color de la garganta de la serpiente. Unos decían que era amarilla, otros negra, roja, etc.» Por último, Campolo zanjó la discusión, diciendo: «¿Qué importancia tiene? El azul va bien; es una historia».

Eso me recordó que la mayoría de los mitos de la humanidad nunca pretendieron ser literales en lo que a los hechos se refiere. La mayoría de los seguidores actuales de las religiones no contemplan este matiz. Los mitos no fueron creados para ser interpretados por la mente de un comprobador de datos, sino para transmitir algo más importante que los hechos: *sentido*.

Cuando los ancianos terminaron de contar su leyenda, ya había caído la noche. Estábamos sentados alrededor de una hoguera cuyas chispas danzaban en la oscuridad de un hermoso cielo plagado de millares de estrellas. Enseguida nos preguntaron por *nuestra* historia de la creación.

Puesto que éramos un grupo de viajeros de muchas religiones y visiones científicas diferentes, nos preguntamos qué historia podíamos contarles: la del Jardín del Edén, la de las escrituras hinduistas o la versión científica vulgarmente aceptada. Tras un rato deliberando acordamos contarles la historia del Big Bang.

Los veinte minutos siguientes los ancianos estuvieron absortos escuchando a mi amigo Bill Hawfield que, gracias a un intérprete, les contó la historia científica de la Creación. Empezando por la primera partícula fuimos creando una leyenda: la explosión del Big Bang, a raíz de la cual se crearon millones de estrellas y planetas que salieron despedidos al universo; el lento enfriamiento de la Tierra y la aparición de la vida. Primero fueron las criaturas marinas, algunas de ellas reptaron hasta la tierra, y luego la lenta evolución desde el simio hasta la humanidad. Los primeros humanos no aparecieron demasiado lejos de este lugar. Al escuchar cómo mi amigo Bill tejía metódicamente la trama de la evolución, pensé que nuestra historia no era mucho menos fantástica que la leyenda del gigante y de la serpiente de garganta azul.

Cuando por fin terminó, los ancianos comentaron mucho nuestra leyenda entre ellos. Estaban muy animados mientras asimilaban nuestra explicación. Esperábamos con gran expectación la respuesta que nos darían después de haber escuchado por primera vez la explicación científicamente aceptada sobre cómo se crearon las cosas.

Pues bien, tras deliberar entre ellos un buen rato, Daude nos contó cómo habían interpretado nuestro relato. En primer lugar, consideraban que era una buena historia, con eso querían decir que contenía elementos difíciles de imaginar. Esto es lo que son los mitos, principalmente buenas historias. De hecho, nos dijo que nuestra leyenda les gustaba más que la suya, y que sospechaba que la suya era una versión que ellos habían adaptado hacía muchos años de la leyenda de otra tribu.

Pero su segunda respuesta me dejó atónito. Dijeron que habían entendido el «sentido» de nuestra historia de la Creación. No habían escuchado nuestra historia del Big Bang como lo haría un estudiante universitario en una clase de ciencias; no estaban interesados en los detalles de la selección natural o en la física cuántica que hay detrás de las moléculas que existieron antes que ellos. Querían saber qué *significaba*. ¿Qué nos está enseñando esa historia sobre nuestra identidad?

Su conclusión fue simple y profunda. El primer significado que extrajeron de la historia es que los seres humanos estamos conectados a todos los demás seres vivos. Existimos porque ellos existen. Cualquier frontera entre nosotros y otras criaturas es puramente artificial.

También llegaron a la conclusión de que la leyenda nos cuenta que somos importantes, que la raza humana tiene un papel primordial en la evolución de la vida. Se nos ha concedido la responsabilidad de cuidar de la creación. Me llamó la atención que utilizaran la palabra *importante* en vez de *especial*. Ser especial implica estar por encima de la naturaleza (ver nuestra propia imagen en el estanque), pero ser importante es tener una función que importa en relación con el resto de la creación. Como ya hemos visto antes, podríamos argüir que el propósito de la naturaleza es alargar y mejorar la vida.

La humanidad y su búsqueda colectiva de la felicidad

Ésta es la esencia del reto al que nos enfrentamos los seres humanos. Unas veces nos hemos sentido insignificantes y otras especiales, pero rara vez hemos entendido nuestro lugar en el transcurso de la evolución. Esa noche, sentado junto al fuego y después, bailando con los ancianos de la tribu, pensé que los hechos científicos a veces pueden hacernos perder de vista otros temas más importantes. Si las explicaciones científicamente aceptadas del Big Bang y de la evolución son ciertas, ¿qué es lo que nos enseñan sobre nuestra identidad y sobre nuestra relación con la Tierra?

A mi entender, podemos sacar varias lecciones de este mito. En primer lugar, si los seres humanos somos la culminación de los hasta ahora cuatro mil millones de años de evolución sobre el planeta, entonces existimos —vamos montados— a lomos del resto de la biosfera.[15] Hemos apa-

---

15. Inspirado en la cita del filósofo Bernardo de Chartres: «Vamos montados a hombros de gigantes». (*N. de la T.*)

recido al final de una larga y complicada cadena de vida. Cuando nos referimos a la «Madre Tierra», no es meramente una manera de hablar, sino que existimos gracias a todas las otras criaturas que existieron antes que nosotros. Sin ellas no estaríamos aquí. Independientemente de lo que somos y de lo que nos hace únicos, las otras criaturas del planeta no están aquí sólo para nuestro uso y disfrute, sino que tienen vidas y propósitos propios, vidas que en casi todos los casos son más antiguas que la nuestra.

Nuestro ciclo de vida es muy corto en el contexto de esta larga historia. En el marco de miles de millones de años, en realidad vivimos en un mundo prestado, que nos pertenecerá sólo durante un breve período de tiempo. Pero ¿esto nos hace más o menos importantes? Si nos encontramos en medio de miles de millones de años de evolución, con miles de millones de años por delante, quizá la leyenda nos esté diciendo que lo que hagamos en este mundo durante nuestra vida tiene poca importancia. A fin de cuentas, no somos más que actores secundarios de una larga y quizás interminable obra.

Es posible. Sin embargo, existe otra interpretación de esta leyenda emergente, que podría cambiar para siempre la visión que tenemos de nosotros mismos como humanidad.

¿Y si el planeta Tierra fuera el único lugar en todo el universo donde hubiera vida inteligente? ¿Y si es el único afloramiento de vida consciente de todo el vasto e infinito universo? ¿Y si después de miles de millones de años de evolución, sólo una vez en la historia del universo hubiera surgido un planeta como este de entre todo el resto? Puede que haya o haya habido miles de civilizaciones en el universo, pero por lo que sabemos hasta ahora, éste es el único lugar donde el cosmos reflexiona sobre sí mismo.

No importa si eres humanista o creyente en Dios (o en los dioses), en la fuerza o en la consciencia cósmica. Sea cual sea tu visión del mundo, somos únicos, pero no de la forma en que creíamos serlo: especiales, dotados, con derecho a algo. Somos únicos porque somos conscientes. Si dejamos a un lado nuestra arrogancia, podemos convertirnos en una fuerza creativa y positiva para el futuro del experimento de la vida. En ese proceso nuestras vidas individuales se llenarán de sentido al interpretar nuestro papel, en el breve tiempo del que disponemos para participar en la danza universal. Al levantar la mirada del estanque donde una imagen falsa nos promete la felicidad, nuestra raza humana encontrará el sentido en el servicio a la unidad de la que todos somos partícipes.

Una vida sin arrogancia

La arrogancia es un ladrón muy poderoso que se centra en nuestro pequeño ego. Al igual que Narciso, siempre estaremos buscando la felicidad donde no podremos hallarla en nuestra búsqueda del yo, y al final moriremos espiritualmente de agotamiento. Si optamos por alejar al ladrón, podremos reivindicar nuestro sitio correcto dentro de una trama infinitamente mayor que nosotros mismos, que es eterna en sí misma. Al rendirnos podremos ver que servir a un bien común es la senda hacia la felicidad. Eso sólo sucede cuando dejamos de preocuparnos por nuestra historia personal y nos unimos a la conversación general que nos envuelve. La humanidad entera tiene que domar a este ladrón, para que no lleguemos a destruir la bioesfera que nos dio la vida, el complejo sistema del que jamás hemos estado separados, pero al cual tenemos la oportunidad especial de poder servir.

Incluso la muerte, que roba la felicidad a tanta gente, desaparece cuando se levanta el velo de la separación. ¿Qué es el miedo a la muerte, si no el miedo a la pérdida de nuestra arrogancia, el miedo a no ser importantes fuera de nuestro contexto dentro de la totalidad? Cuando podamos vislumbrar la verdad —que no existe separación entre nosotros y entre nada que esté «allá afuera»— este ladrón perderá su poder para aprovecharse de nuestro miedo a no ser únicos, especiales o distintos.

Cuatro formas de alejar al segundo ladrón

- Siempre que te des cuenta de que te obsesionas con la historia de tu vida, recuerda que formas parte de una historia mucho más importante. El ladrón quiere que te sientes a mirar tu reflejo, pero en ello no hallarás la felicidad.

- Recuerda que la felicidad es un subproducto de ser parte de algo más grande que uno mismo: una causa, el trabajo de tu vida o el servicio a la naturaleza o a las personas. Concéntrate en servir, en lugar de en recibir.

- Cuando te aceche el miedo a la muerte, repite que es una mentira. De algún modo estás aquí desde el principio de los tiempos y seguirás estando eternamente. La imagen reflejada en el agua no es real, como puede que tampoco lo sea el tiempo.

- Creemos un nuevo mito en nuestra vida común que nos permita unir la fe y la ciencia. Los seres humanos forman parte de la naturaleza, pero tienen un papel especial. Como custodios de este gran experimento de la vida, podemos hallar un sentido colectivo. Crear un mundo equitativo que nos vaya bien a todos forma parte de esto, y aunque no sea por motivos morales, puede ser por razones prácticas. Sólo podremos prosperar cuando todos estemos realmente a salvo y felices.

Mantra

Estoy conectado con todo lo que es, y si puedo contribuir al bien de la totalidad, la felicidad me encontrará a mí.

4

El tercer ladrón: la codicia

Una parte importante de mi educación se la debo a la escuela dominical de una iglesia cristiana. Entre las cosas que nos inculcaban en nuestras jóvenes mentes estaban los diez mandamientos, supuestamente entregados por el mismísimo Dios a Moisés, el líder de los israelitas, en dos tablas de piedra, en la cima del monte Sinaí. Uno de esos mandamientos dice: «No codiciarás la casa de tu vecino. No codiciarás a la esposa del vecino, o a su sirviente o sirvienta, a su buey o burro, o cualquier otra cosa que pertenezca a tu vecino».[16]

Codiciar es desear para uno mismo con envidia algo que no se tiene. A mí siempre me había parecido que este mandamiento estaba fuera de lugar, puesto que se encontraba entre ofensas que me parecían bastante más graves, como robar, matar y mentir. Lo que más me llamaba la atención era que los otros nueve mandamientos hacían alusión a actos externos, mientras que éste era una amonestación contra un estado mental interior. Incluso de niño, cuando estaba en la escuela dominical, me preguntaba si desear algo podía realmente ser tan grave como robar o matar a alguien.

---

16. Éxodo 20:17 (Nueva Versión Internacional).

La *codicia* es otro de los poderosos ladrones. Es engañosa porque usa muchos disfraces, que pueden darle una apariencia inofensiva o incluso de ambiciosa, pero de un modo productivo. ¿Qué hay de malo en desear algo que todavía no tienes? ¿No es acaso desear algo el origen del progreso en la vida? Pero si la analizamos detenidamente, pronto nos daremos cuenta de por qué nos roba tan hábilmente nuestra felicidad.

La codicia no es sólo desear algo, pues combina varios elementos que nos van sustrayendo nuestra felicidad. La codicia no es un deseo cualquiera, es esa parte de nosotros que mira hacia afuera y se fija en lo que tienen los demás, o en algo que no tenemos, y vuelve a nosotros en forma de envidia. La envidia es el sentimiento de descontento o incluso el anhelo con resentimiento que nos despiertan las cualidades, posesiones o la suerte de otros. Cuando nos damos cuenta de que la codicia es tanto lo que sentimos en nuestro interior como el objeto de nuestro deseo externo, es fácil ver cómo puede robarnos la felicidad.

Pensemos en todas las cosas que codiciamos y que no tenemos: más dinero, mejor posición social, tener otros dones naturales diferentes a los que poseemos, otras parejas, un cabello con otra textura, ser más altos o más bajos, más jóvenes o mayores, y la lista sigue. El ladrón siempre nos está diciendo que deberíamos estar en un estado de carencia, decepción y envidia. En esencia, lo que este ladrón nos está diciendo constantemente es que nuestro sentido de identidad depende de una referencia del mundo exterior, que se centra en la pregunta: *¿Con quién me comparo?*

La reina malvada de *Blancanieves*

Este ladrón se parece mucho a la reina malvada del conocido cuento de hadas *Blancanieves*. La madre de Blancanieves murió en el parto y su padre, el rey, se volvió a casar. La nueva reina era bella, pero sólo era feliz comparándose con otras. Cada día se miraba al espejo mágico y le hacía la infame pregunta: «Espejito, espejito, dime una cosa: ¿quién es la más hermosa de este reino?» La reina era feliz siempre y cuando el espejo le respondiera que ella era más hermosa que ninguna otra mujer. Hasta que un día le dijo que aunque ella era bella, Blancanieves era más hermosa. El ladrón no sólo consiguió encolerizarla, acabando con su felicidad, sino que también arruinó su relación con el mundo exterior, puesto que encargó a un cazador que acabara con la vida de Blancanieves.

Esto es lo que hace la codicia. Nos roba nuestra capacidad para dar las gracias, no sólo por ser quienes somos sino por los demás. Éste es un aspecto de vital importancia respecto a la codicia: no sólo contamina nuestra felicidad personal, sino también nuestras relaciones con los demás. En lugar de alegrarnos de la dicha de otros y celebrarla con ellos, nos molesta su felicidad y su buena suerte.

El ladrón puede llegar a fomentar una conducta antisocial. La *furia del pasajero* es un término que describe la conducta ofensiva o violenta por parte de los pasajeros contra la tripulación. Normalmente, tiene lugar durante el vuelo, y es un fenómeno que se está produciendo cada vez con mayor frecuencia en los vuelos comerciales de todo el mundo. Un estudio reciente reveló la significativa correlación entre los casos de furia del pasajero y el hecho de que el avión tuviera o no clase preferente. Se producían muchos más episodios de este tipo cuando surgía alguna discrepancia entre los de clase turista y los de preferente. Lo más fascinante es que los investigadores descubrieron que en los aviones con clase turista y preferente se producían muchos menos incidentes si había entradas separadas para cada clase, es decir: los de clase turista se enfurecían menos si no veían cómo era la preferente. Aunque los investigadores coinciden en que puede haber muchas explicaciones para sus hallazgos, no es difícil imaginar el papel de este ladrón a la hora de instigar esta conducta antisocial.[17]

Esto también podría explicar por qué las personas son más felices y confiadas en los países donde hay más igualdad. Tengo una amiga psicóloga danesa, que me contó que cuando era adolescente tenía la sensación de que en Dinamarca no había grandes desigualdades en lo tocante a los ingresos económicos. A ella le parecía que, en general, la gente estaba más contenta. Richard Wilkinson y Kate Pickett en su libro *Desigualdad: Un análisis de la infelicidad colectiva*, analizan esta idea: cuanto más igualitarias son las sociedades mejor les va. Exponen los resultados de varias investigaciones que demuestran que en once aspectos sociales y de salud, como la salud física y mental, la violencia, la obesidad, las prisiones y los embarazos de adolescentes, las consecuencias son nota-

---

17. Katherine A. De Cellas y Michael I. Norton, "Physical and Situational Inequality on Airplanes Predicts Air Rage," *Proceedings of National Academy of Sciences* 113, n.º 20 (2016): 5588–91. doi: 10.1073/pnas.1521727113.

blemente peores en las sociedades de mayor desigualdad social, sin que en ello influya que el país sea rico o pobre.[18]

Aunque crear una sociedad más equitativa sea una meta noble e importante, lo que me gustaría destacar es que cuando las personas sienten que más o menos están en el mismo terreno de juego que los demás, esta circunstancia dificulta que se manifieste su tendencia a la codicia. Sin embargo, una sociedad totalmente equitativa no es posible. Aunque todos tuviéramos los mismos ingresos, habría diferencias en otros aspectos, como la inteligencia, la capacidad atlética, la belleza convencional, la estatura, el peso, las cualidades de nuestros padres, etcétera. Y si bien es cierto que una de las maneras de mantener a raya la codicia sería rodearnos de personas que fueran menos o igual de afortunadas que nosotros, creo que lo más sencillo sería trabajar nuestra vida interior para poder disfrutar del éxito de los demás sin que ello merme nuestra felicidad.

La gratitud: la fuerza opuesta

La fuerza opuesta a la codicia es la *gratitud*. Investigaciones recientes han demostrado el increíble poder que tiene la gratitud para incrementar nuestra sensación de bienestar y felicidad, mejorar nuestra salud, ayudarnos a envejecer bien e incluso para promover una conducta prosocial.

---

18. Richard Wilkinson y Kate Pickett, *The Spirit Level: Why Greater Equality Makes Societies Stronger*, Bloomsbury Press, Nueva York, 2009 (Versión en castellano: *Desigualdad: Un análisis de la infelicidad colectiva*, Turner, Madrid, 2009.

Robert Emmons, un profesor de la Universidad de California en Davis, es pionero en la investigación sobre la gratitud. En algunos de sus estudios más influyentes, él y sus colaboradores colocaron personas al azar en una de estas tres situaciones. A cada persona del primer grupo se le pidió que anotara cinco cosas por las que estuviera agradecido y que le hubieran sucedido la semana anterior; a los componentes del segundo grupo se les pidió que anotaran cinco cosas que les hubieran molestado la semana anterior y a los del tercero, que anotaran cinco acontecimientos de la semana anterior sin más especificaciones. La investigación demostró al final del estudio que las personas que escribieron sobre la gratitud estaban menos estresadas, eran más optimistas y, en general, se sentían un 25 por ciento más felices que el resto de los participantes. También coincidió con que hacían más ejercicio y tenían menos problemas de salud. Con el tiempo, la investigación se amplió a gente enferma, y los investigadores pudieron demostrar que aunque las personas se encuentren en situaciones difíciles en su vida, son mucho más felices, optimistas y sufren menos dolor gracias al sencillo acto de escribir sobre la gratitud. Curiosamente, los que practicaban este tipo de escritura también eran más amables y solidarios con los demás.

En un estudio especialmente revelador, Emmons identificó a personas con una fuerte predisposición hacia la gratitud. Entonces los investigadores pidieron a las amistades de estas personas que respondieran a una encuesta respecto a ellas, y compararon dichas respuestas con otras similares de las amistades de personas menos agradecidas. Según los amigos, las personas agradecidas tenían conductas más solidarias, amables y serviciales (por ejemplo, prestar dinero o ser compasivas, ser solidarias y apoyar emocionalmente) que las que son menos agradecidas.[19]

El número de investigaciones sobre los beneficios de la gratitud ha ido en aumento desde que Emmons y sus colaboradores iniciaron esta línea de investigación. En un blog de *Psychology Today*, la autora Ann Morin resumió una gran parte de las investigaciones e identificó siete beneficios.[20] Entre los beneficios ya probados que obtienen las personas agradecidas, dice la autora, se cuentan: padecer menos achaques, tener más tendencia a hacer ejercicio, ser más felices y estar menos deprimidas, tener más probabilidades de que su forma de actuar sea prosocial, dormir mejor, tener la autoestima más alta y mostrar más resiliencia frente a las situaciones de estrés. También es menos probable que las personas agradecidas sean vengativas o agresivas con los demás cuando reciben una respuesta negativa. ¡Incluso se ha demostrado que la gratitud refuerza el sistema inmunitario!

Lo que realmente merece la pena destacar es que en la mayoría de estos estudios algunas personas tenían más motivos objetivamente para estar agradecidas que otras. La mayoría pensamos que seríamos más felices si fuéramos más afortunados. Sin embargo, esta investigación sugiere que la

---

19. Robert Emmons y sus colaboradores han publicado muchos artículos sobre la gratitud. Para un resumen excelente sobre su trabajo, véase Robert A. Emmons "Why Gratitude Is Good," *DailyGood*, 20 de junio de 2011, http://www.dailygood.org/story/8/why-gratitude-is-good-robert-a-emmons.

20. Ann Morin, "7 Scientifically Proven Benefits of Gratitude," *Psychology Today*, 3 de abril de 2016, https://www.psychologytoday.com/blog/what-mentally-strong-people-dont-do/201504/7-scientifically-proven-benefits-gratitude.

gratitud, la fuerza opuesta de la codicia, se puede fomentar mediante sencillas prácticas diarias, como escribir las razones por las que estás agradecido. Dicho de otro modo, puesto que las personas que se concentraron en la gratitud fueron elegidas al azar, las razones por las que objetivamente podemos estar agradecidos no son tan importantes como la actitud que cultivamos hacia aquello que poseemos.

Una forma de cultivar esa actitud mental podría ser no sólo escribir las razones por las que estamos agradecidos, sino también las cosas buenas que les suceden a los que nos rodean. Según parece, al cultivar esta actitud mental hacia los demás podemos minimizar nuestro hábito de codiciar. Hace tiempo que escribo un diario de gratitud y he descubierto que se ha convertido en un hábito que tiene una gran repercusión en mi felicidad.

¿Qué es el éxito?

Expresar gratitud no basta para someter al ladrón. Para derrotar al ladrón, hemos de aprender a vivir de acuerdo con nuestros propios principios, no con los de otra persona. El ladrón quiere que juzguemos nuestro éxito en la vida según lo que nos responda el espejo mágico, mirando hacia afuera y comparándonos con los demás en lugar de centrarnos en nuestro propio camino.

Hace años una mujer centenaria llamada Lucy me aconsejó que nunca me comparara con los demás, porque todos tenemos aptitudes distintas. El ladrón siempre pretende hacernos creer que necesitamos lo que tiene otro. Nos pasa como a las cuatro vacas de unos dibujos animados que vi hace años. Las vacas se encontraban en la intersección de cuatro granjas y cada una de ellas estiraba la cabeza para traspasar la valla de su vecina y comer el pasto de la otra granja. Siempre pensamos que lo que tiene otro es lo que necesitamos para ser felices.

Aquí tienes un ejemplo personal de cómo la codicia puede hacer que nos centremos en las cosas equivocadas. Toda mi vida me han gustado los deportes; crecí en un barrio donde había muchos chicos y el deporte era nuestra principal seña de identidad. Me hubiera encantado medir 1,83 y ser un buen atleta, pero mido 1,73 y soy un deportista normal. De pequeño envidiaba las habilidades deportivas de otros muchachos del barrio y eso me robó mucha felicidad, incluso consiguió que menospreciara alguno de mis dones. Esta actitud me impidió participar en los éxitos de otros compañeros, porque mi envidia de sus habilidades no me permitía celebrarlo con ellos sin menospreciarme a mí mismo. El hermano mayor de mi mejor amigo era una estrella del béisbol y tenía posibilidades de ser seleccionado para jugar en las ligas profesionales. Ahora he de admitir con vergüenza que una vez deseé en secreto que perdiera un partido importante que yo estaba viendo como espectador. ¡Era una persona que me gustaba y a la que admiraba, y allí estaba yo, deseando que perdiera!

El ladrón no sólo me amargó la vida, sino que me impidió alegrarme de la buena suerte de los demás. Cuando vivimos comparándonos continuamente con los demás, como la reina malvada de Blancanieves, no sólo nos sentimos desgraciados, sino que somos incapaces de compartir la felicidad de nuestros congéneres, porque ésta hace que nos sintamos peor con nosotros mismos.

Esto podría ayudarnos a explicar el miedo generalizado que suelen sentir las personas en los medios sociales como Facebook e Instagram. Algunos estudios han sugerido que existe una relación inversa entre el uso de las redes sociales y la felicidad. Un estudio realizado en Dinamarca por el Instituto de la Felicidad ha demostrado que las personas son más felices cuando dejan de usar Facebook durante dos semanas. Este estudio da a entender que la envidia o la codicia podrían ser la clave de esta relación inversa.[21] Al ver lo que publican otras personas, nos preguntamos: «¿Quién tiene la vida más interesante, más amigos y lo que más me gusta de todos?» El ladrón quiere que siempre estemos pendientes de lo que tiene nuestro vecino, nuestro compañero o compañera de trabajo, o la familia que vive al final de la calle o al otro lado de la ciudad, en lugar de preocuparnos por lo que tenemos nosotros.

Pero lo más interesante es que otros estudios han probado que también es cierto lo contrario: que las personas que dedican tiempo a las redes sociales aumentan sus conexiones, potencian su activismo político, reducen su estrés y crean vínculos más fuertes.[22] Entonces, ¿a qué se debe esta discrepancia? Pues a que está actuando el ladrón del que estamos hablando.

---

21. Olivia Blair, "Staying off Facebook Can Make You Happier, Study Claims," *Independent,* 10 de noviembre de 2015, http://www.independent.co.uk/life-style/gadgets-and-tech/news/staying-off-facebook-can-make-you-happier-study-claims-a6728056.html.

22. Maria Konnikova, "How Facebook Makes Us Unhappy," *The New Yorker,* 10 de septiembre de 2013, http://www.newyorker.com /tech/elements/how-facebook-makes-us-unhappy.

Según parece, lo que hacemos en las redes sociales influye en cómo nos sentimos. En 2010 un estudio de la Universidad Carnegie Mellon[23] reveló que cuando las personas se implicaban con los demás en una interacción directa, como publicar en un muro, enviar mensajes de texto, apoyar causas compartidas, poner un «me gusta» a algo, sus sentimientos de vinculación y su capital social general aumentaban, mientras que su sentimiento de soledad disminuía. Pero cuando los participantes se limitaban a consumir mucho contenido de forma pasiva, las redes sociales tenían el efecto contrario, su sentimiento de estar conectados disminuía y se sentían más solos.

Permíteme plantear una hipótesis fundamentada de por qué sucede esto. Cuando la mayor parte del tiempo nos dedicamos a ver lo que hacen los demás como meros testigos de sus momentos felices y de sus éxitos, estamos escuchando al ladrón que nos dice que nuestra vida no está a su altura. Sin embargo, cuando tenemos una actitud de gratitud, nos implicamos o nos alegramos, conectamos con los demás y somos más felices.

A veces podemos sentirnos avergonzados por las formas en que se manifiesta este ladrón. Estos pequeños momentos de codicia nos brindan la oportunidad de practicar para situaciones más importantes. Yo lo experimenté cuando una amiga mía publicó unas fotos en las que aparecía durmiendo en una tienda en el desierto del Sáhara en Marruecos. Fui yo

---

23. Moira Burke, Cameron Marlow y Thomas Lento, "Social Network Activity and Social Well-Being," *CHI 2010: Proceedings of the SIGCHI Conference on Human Factors in Computing Systems*, del 10–15 de abril de 2010, pp. 1.909–1.912. doi: 10.1145/1753326.1753613.

quien le recomendó que hiciera ese viaje, porque había vivido una experiencia similar el año anterior, y observé con desilusión que ella había obtenido más «me gusta» por sus fotos que cuando yo publiqué las mías. Él me dio un toquecito en el hombro. «Sé desgraciado», me dijo. El ladrón no quería que yo disfrutara de sus fotos ni que hiciera ningún comentario positivo. Pero le planté cara y no sólo puse «me gusta» en sus fotos, sino que le envié un comentario muy positivo al cual ella respondió con afecto y gentileza. Me sentí más conectado, disfruté de su momento de felicidad y yo también fui más feliz. Si por el contrario hubiera escuchado al ladrón, seguramente me habría sentido peor respecto a mi vida y hubiera perdido la oportunidad de hacer feliz a mi amiga.

Incluso en situaciones en que competimos con otras personas, el ladrón tampoco nos ayuda. Una amiga estaba intentando formar parte de un equipo deportivo y creía que, sin duda, era mejor que otra jugadora que también lo estaba intentando. Así que le preguntó al entrenador: «¿En qué es ella mejor que yo?»

El entrenador le respondió: «Deja de preocuparte por las otras jugadoras e intenta dar lo mejor de ti misma».

Mi amiga me dijo que este comentario hizo que algo cambiara en su interior.

¿Quería ella realmente formar parte del equipo porque la otra jugadora no era mejor que ella? Decidió que empezaría a rezar por el éxito de las demás jugadoras y a apoyarlas para conseguirlo, incluida la persona a la que había menospreciado ante el entrenador. Hasta decidió ayudar económicamente a una jugadora más joven y fuerte que también intentaba acceder al mismo puesto que ella y que no se lo podía permitir. No sólo disfrutó más del proceso de preparación, sino que pudo dejar de concentrarse en lo que hacían las demás y prestar atención a su propio juego. Se dio cuenta de que jugaba mucho mejor cuando el ladrón estaba relegado al banquillo.

Perros grandes, perros pequeños y perros felices

Uno de mis primeros mentores me dijo que cuando te pasas la vida comparándote con los demás, siempre te sentirás como un chihuahua entre san bernardos. Esto se traduce en que siempre habrá un perro más grande que tú o que tiene las cualidades que te gustaría tener. En vez de celebrar el perro que eres, siempre querrás ser de otra raza.

El ladrón es un tramposo. Viene disfrazado de ambición positiva, de hacer que nos concentremos en lograr y crecer, pero luego nos engaña haciendo que nuestro punto de referencia para ser felices sea compararnos con otros, en lugar de ser nosotros mismos o desarrollar nuestros dones para sacar el máximo provecho de ellos. La vida se convierte en una competición, en lugar de ser un viaje.

Esto es lo que me sucedió cuando publiqué mi primer libro. Fue un gran logro y estaba seguro de que una vez publicado mi corazón estaría repleto de gratitud. Pero, de pronto, en lugar de compararme con los que nunca habían escrito un libro, lo hice con los que ya habían escrito varios. Luego, cuando se convirtió en un superventas, en vez de estar agradecido, me fijé en los libros que eran megasuperventas. Toda la felicidad que me había aportado escribir un libro desaparecía cuando el ladrón conseguía que me comparara con otros, en vez de concentrarme en lo que había conseguido.

El ladrón sigue haciéndonos la pregunta equivocada. En vez de preguntarnos quiénes somos, nos concentramos en compararnos con alguien. Nuestra misión en la vida no es ser mejor que otros, sino ser nosotros mismos. Cuando escribí *Los cinco secretos*, muchas de las personas a las que entrevisté me advirtieron sobre la tendencia a compararnos con otras personas. Pero hicieron hincapié en que ¡el propósito de nuestra vida era *ser uno mismo*! Es decir, saber qué es lo que nos hace felices y vivir de acuerdo a esas directrices internas, en lugar de dar importancia a lo que nos dicen los demás. Compararnos es algo que nunca nos dará una respuesta positiva, porque el espejo nos dirá que hay alguien más bello o tendremos que estar consultándole todos días para ¡asegurarnos de que no hemos perdido nuestro puesto! Cuesta imaginar algo más agotador que una vida en la que siempre tengamos que estar comparándonos con los demás.

El editor de una revista me pidió hace años que escribiera un ensayo de 1.500 palabras sobre el tema: *¿Qué es lo que más importa?* Un grupo de personajes famosos iban a abordar el mismo tema y me sentí honrado (e intimidado) de participar en él. Por otra parte, también me sentía un poco cohibido por tener que plasmar por escrito lo que a mi entender era lo más importante. Le estuve dando vueltas al asunto durante un par de semanas ¿Qué es lo que más importa: el amor, la paz mundial, la espiritualidad, la salud, las relaciones, la familia, el legado? La lista parecía infinita. Al final mi ensayo reflejó una idea muy simple: lo más importante es saber qué es lo que más te importa a *ti* y vivir de acuerdo ello.

Ésta es justamente la razón por la que el tercer ladrón es tan peligroso. Si vivimos comparándonos con los demás, es fácil que nos encontremos subiendo por una larga escalera hasta la cima de un edificio en el que ni siquiera estamos seguros de que queremos estar. Cuando nos miramos en el espejo, en vez de pensar en compararnos, deberíamos plantearnos: ¿qué es lo que yo valoro? ¿Qué es lo que a mí me importa? ¿Cómo puedo sacar el máximo provecho de mi vida?

Desterrar al ladrón

Ahora que somos conscientes del efecto que tiene este ladrón sobre nuestra felicidad, deberíamos proponernos desterrarlo. Una vez más, los tres pasos serán un instrumento esencial. Desde el momento que eres consciente de la presencia del ladrón empezarás a observarlo con regularidad. Se presentará en situaciones cotidianas sencillas, como cuando un compañero o un amigo se presenta en el trabajo especialmente arreglado o cuando le sucede algo positivo en la vida a un conocido. Aparecerá en tus mejores momentos, cuando te das cuenta de que lo que has conseguido nunca será suficiente para ti, y también en los peores, cuando te cuesta conectar con la gratitud. Recuerda que la meta de la meditación es dejar a un lado los pensamientos que no nos son útiles.

Empieza a observar la presencia del ladrón con sentido del humor, si puedes. Imagínate diciendo: «Ya estás otra vez comparándote con los demás». El acto de darte cuenta puede que no te parezca muy eficaz, pero lo es. El primer paso en todos los asuntos mentales es ver lo que está pasando de verdad. Cuando nos damos cuenta de algo y le damos un nombre, eso pierde fuerza. El mero hecho de haber percibido la aparición del ladrón, en el caso de las fotos que había publicado mi amiga en Facebook de su viaje por el desierto, bastó para que cambiara mi estado emocional y mi forma de pensar. Cuando otra amiga lanzó un nuevo programa de liderazgo en Internet y tuvo éxito, empecé a sentir un poco de envidia. Pero gracias a ser consciente de ello pude desterrarlo y sentir gratitud por tenerla como amiga.

Una vez que el ladrón queda desenmascarado, ya no puede seguir engañándote. Es como cuando descubres el secreto de un truco de magia. De pronto, el truco, o incluso alguno similar, ya no pueden seguir engañándote, aunque lo desees. Procura aficionarte a identificar los disfraces del ladrón. Cuanto más lo dejes en evidencia, más agilidad adquirirá tu mente para desarmarlo antes de que te provoque una reacción.

Una vez hemos descubierto al ladrón, hemos de detenerle o arrestarlo. Detenerlo es el acto de imponer nuestra voluntad sobre él. Cada vez que nos negamos a entregarle el poder, se rompe el lazo con el que nos tenía controlados. Un ladrón que es arrestado cada vez que intenta algo acabará por dejar de intentarlo. No lo olvides nunca. La idea de que cada vez que detenemos algo es menos probable que volvamos a hacerlo tiene fundamentos científicos.

Álvaro Pascual-Leone, un neurocientífico de la Universidad de Harvard, me dijo una vez: «Desde la perspectiva del cerebro, cada vez que hacemos algo es probable que volvamos a hacerlo; pero cada vez que *no* lo hacemos, es menos probable que lo repitamos, porque el cerebro crea un sendero de hábito que se convierte en el patrón de tu vida».

El mero acto de interrumpir algo, de no dejar que domine tu mente, es de suma importancia. En un antiguo y maravilloso vídeo que circula por YouTube, el comediante Bob Newhart interpreta el papel de un terapeuta que trata a una paciente nueva angustiada por la fobia de ser enterrada viva en un ataúd.[24] Mientras ella le explica todas las razones por las que padece esta fobia, él le da un sencillo consejo: «¡Detenla!» La paciente sigue aportándole razones, pero él le repite: «Simplemente, ¡detenla!» Al final, ella le habla de más problemas, como relaciones destructivas con los hombres y el miedo a conducir. En cada uno de los casos, él simplemente insiste: «¡Detenla!» Le recuerda lo destructiva que es para ella esa forma de pensar. A medida que él repite «¡Detenla!», ella se va sintiendo más molesta.

Al final la paciente protesta: «¡Esto no me gusta! Esta terapia no me gusta nada. ¡Usted sólo me dice que detenga la fobia!»

Hay una parte de nosotros que se resiste a la idea de que somos muy capaces de reprogramar nuestra mente. El destierro de los ladrones siempre empieza con esta palabra: «Detenlo». Si empiezas a compararte con los demás —ya lo tienes— simplemente detenlo.

Como siempre, sustituirlo es el tercer paso clave. Necesitamos un tercer patrón de pensamiento que ocupe el lugar

---

24. "Bob Newhart—Stop It," publicado el 12 de marzo de 2015, https://www.youtube.com/watch?v=arPCE3zDRg4.

de la codicia. En este caso, la sustitución es recordarte que la vida no es una competición. Nuestra valía como seres humanos no depende de que nos comparemos con los demás, sino de que vivamos realmente de acuerdo con nuestro verdadero potencial. No podemos controlar nuestras comparaciones con los demás

El nuevo patrón de pensamiento se podría expresar con este mantra:

La vida no es una competición. Voy a dar gracias por lo que tengo y por quién soy. Celebraré el éxito de los demás, pues cuando me alegro por otros, soy feliz.

Practica este mantra no sólo cuando aparezca el ladrón, sino cuando no esté presente. El mejor momento para desarmar a un ladrón es antes de que empiece a actuar y estos mantras son una gran forma de evitar que se le ocurra aparecer. Piensa en los mantras como si fueran un detector mental de metales. Nos conviene programar nuestra mente con antelación para que el ladrón nunca llegue a entrar en nuestra casa. Atraparlo y arrestarlo puede funcionar, pero sin duda es mucho más fácil blindar tu casa para que no pase.

La sociedad de la codicia

El ladrón también contamina nuestra vida social. En realidad, el hecho de que creas que Dios entregó los diez mandamientos a Moisés o que éstos representan la sabiduría colectiva de la conducta ética de los judíos de antaño no tiene importancia. Lo que importa es por qué la codicia se encuentra entre actos que parecen más graves, como mentir, robar y asesinar. ¿Podría ser realmente la codicia una fuerza destructiva para la sociedad, en lugar de ser sólo mera envidia personal e inofensiva que nos roba la felicidad?

Existe una razón sutil por la que la codicia se encuentra entre estos abominables actos. Si me fijo con codicia en lo que poseen mis vecinos y en sus cualidades, en mi corazón dominará el sentimiento precursor de que tengo el derecho de arrebatarles lo que tienen o hacerles lo que me plazca, aunque les perjudique. Los pensamientos de envidia o deseo por algo que no tenemos son normales e inofensivos en sí mismos. Pero si albergamos esos pensamientos el tiempo suficiente, y permitimos que sean la forma predominante en que vemos a los demás, es más probable que llegue a producirse una traición. La codicia es pues la precursora de la acción que sabemos que va a ser destructiva para la comunidad. Detener al ladrón en la puerta es la clave para evitar una conducta antisocial.

Las investigaciones sobre la gratitud parecen confirmar que una actitud de agradecimiento —celebrar nuestro lugar en el mundo en vez de codiciar el de otro— aumenta nuestra empatía, amabilidad y deseo de ayudar a los demás. Pero también sucede lo contrario: cuando sentimos codicia, nos comportamos mal con todo el mundo.

Voy a poner un ejemplo personal que creo que ilustra lo que puede sucedernos cuando no nos sentimos agradecidos. En general, la gente considera que soy una persona amable y me siento orgulloso de ello. Durante toda mi vida, le he dado una gran importancia a ser agradable con las personas, incluso con aquellas a las que no voy a volver a ver. Una noche, de una semana que estaba siendo bastante frenética, tenía que coger un vuelo que llegaba a su destino a la 01:00, y a la mañana siguiente, a un colega de profesión y a mí, nos esperaba una sesión de todo el día en las oficinas de un cliente mío muy importante. Justo antes de despegar, recibí un mensaje de voz de la persona que supuestamente tenía que compartir conmigo ese día de trabajo. Se disculpaba porque debido a un problema de salud de un familiar no podría asistir, lo que implicaba que tendría que conducir la sesión yo solo.

Aunque lamenté la situación de mi compañero, deseaba que las cosas fueran de otro modo. Estaba cansado y no quería dirigir toda la sesión yo solo, ni tener que enfrentarme a un grupo que sabía que iba a ser difícil. Por eso, en lugar de estar agradecido por poder ayudarle, me concentré en mi deseo de que las cosas fueran diferentes. Y al entrar en el avión, yo que suelo ser amable, fui muy grosero con los asistentes de vuelo y casi detestable cuando para acceder a mi plaza en la ventanilla, empujé a la persona que se encontraba en el asiento del pasillo. Cuando el avión despegó, reflexioné avergonzado sobre mi conducta. Esto es un pequeño ejemplo de lo que puede llegar a hacer la codicia. Siempre que quiero que las cosas sean diferentes, de algún modo me siento engañado. Surge el resentimiento y mi conducta es menos elegante.

Pero ¿qué pasa si una persona que normalmente es amable se vuelve un poco grosera porque no siente agradecimiento? ¿Repercute realmente este hecho en la sociedad? A mí me parece que sí, y quizá de muchas más formas de las que podríamos llegar a imaginar en un principio. A una pareja adinerada que vive en una sociedad en la que otros no son tan afortunados, probablemente no les importará tanto pagar más impuestos si se sienten agradecidos por lo que tienen, en lugar de codiciar tener todavía más. Los alumnos más populares de los institutos, quizá serían más compasivos con los que sufren acoso si dieran las gracias por su popularidad, con frecuencia inmerecida, en lugar de codiciar la popularidad de otro aún más popular. De hecho, podría evitar que un joven destrozara un coche caro en un barrio rico, quizá porque envidia la relativa riqueza de su propietario. Y los habitantes de un país bendecido con recursos naturales y una sociedad relativamente homogénea, podrían sentirse más impulsados a ayudar a otras naciones que no son tan afortunadas, si se concentraran en su buena suerte por tener hogares relativamente seguros y confortables.

Es más, tenemos muchos ejemplos en la historia de tiranos que utilizaron al tercer ladrón para poner a una parte de la población en contra de la otra. Reflexionemos sobre cómo utilizó Hitler el éxito de los judíos alemanes en los negocios para alentar el resentimiento entre las personas que no tenían razón alguna para odiarlos. La codicia empieza siempre de formas sutiles y no tarda en volverse peligrosa.

Con esto no pretendo decir que la gratitud sea la panacea ni que la codicia sea el origen de todos los males. Pero las recientes investigaciones sobre la relación entre la gratitud y la conducta prosocial sugieren que cuando nos concentramos en lo que tenemos, en vez de hacerlo en lo que no tenemos, somos más amables, estamos más dispuestos a compartir y menos dispuestos a tomar represalias. Por consiguiente, no hace falta darle muchas vueltas al asunto para imaginar que un mundo donde el ladrón de la codicia hu-

biera sido desterrado, sería más amable que en el que vivimos ahora.

La ambición es buena; la comparación es una ladrona

El tercer ladrón es sutil. La ambición es buena, como lo es el
deseo de ser mejores. Pero cuando nuestra vida se basa en
compararnos con los demás, pronto nos vemos involucrados
en una búsqueda incesante de una felicidad que jamás halla-
remos. Siempre habrá alguien que tendrá más amigos, será
más atractivo y poseerá aptitudes que nosotros desearíamos
tener. De este modo, no sólo seremos desgraciados, sino que
también seremos incapaces de celebrar el éxito de los demás.
En lugar de preguntarle al espejo: «¿Quién es la más hermosa?», deberíamos preguntarnos: «¿Estoy siendo yo mismo?,
¿he desarrollado todo mi potencial y he llegado a ser lo que
debía ser?»

Cuatro formas de alejar al tercer ladrón

- Cuando te des cuenta de que le estás preguntando al
  espejo en la pared de tu subconsciente en qué te vas
  a comparar con los demás, recuerda que es el ladrón
  el que habla. Te está mintiendo cuando te dice que
  la vida es una competición en lugar de un viaje. Pre-
  gúntale en su lugar: «¿Soy la mejor versión de mí
  mismo?»

- Practica diariamente la gratitud escribiendo todos los días en un diario o simplemente dedicando unos minutos a identificar tres cosas por las que puedas dar las gracias ese día y una por la que estés agradecido en tu vida. Elige a una persona cada día y escribe tres cosas buenas que te gustaría que le pasaran y que pudieras celebrar con ella.

- Cuando uses las redes sociales, concéntrate en dar más valor a tus interacciones con los demás, involúcrate con ellos y demuéstrales tu alegría por lo que les sucede. Cuando hayas calentado este músculo, te darás cuenta de que la felicidad se origina así, no en la codicia.

- Recuerda que nunca habrá una igualdad social completa en todos los aspectos. Los demás rara vez son responsables de nuestra infelicidad. Doma el espíritu de la codicia que hay en tu interior para mejorar el mundo que te rodea. Siempre que tengas la oportunidad de ayudar a alguien que no es tan afortunado, concéntrate en tu gratitud para manifestar tu amabilidad.

Mantra

La vida no es una competición. Seré agradecido por lo que tengo y por quien soy. Celebraré el éxito de los demás, pues cuando me alegro por otros, soy feliz.

5

El cuarto ladrón:
el consumismo

Hace años tuve una ayudante que se llamaba Janice, un ser humano amable que emanaba una luz increíble y lectora habitual de obras de autoayuda. Un día la encontré sentada a su mesa con una mirada perpleja.

—¿En qué estás pensando? —le pregunté.

—Estaba pensando en todo lo que hacemos para ser felices —respondió—. Buscamos una relación, ganar dinero, tener aficiones, hacer amigos, etcétera. Entonces se me ha ocurrido pensar: «¿Y si en lugar de hacer todo eso, simplemente nos dedicáramos a ser felices?»

Después de esta breve charla proseguimos con nuestra jornada habitual, pero ese comentario me dio vueltas en la cabeza durante días, como si fuera un virus del que no pudiera librarme. «¿Y si la felicidad no estuviera allá fuera, en nada de lo que hacemos o dejamos de hacer, ni en lo que recibimos o no recibimos? ¿Y si la felicidad fuera una elección que estuviera, en mayor o en menor medida, al alcance de todos en cualquier momento en que eligiéramos estar en este estado interior?», me preguntaba.

El cuarto ladrón es el *consumismo*, el que un día nos dice que allí fuera hay algo que necesitamos para ser felices y que intenta ocultarnos la verdad de que en cualquier momento somos libres para elegir. Intuitivamente, todos sabemos que la felicidad no se consigue obteniendo algo, por supuesto, porque todos conocemos a personas que parece que lo «tienen todo», pero que siempre están descontentas, así como a otras que «apenas tienen nada» y se las ve bastante felices. Este ladrón es como una persona sedienta que tiene una gran botella de agua fresca, pero un agujero en la garganta. En la tradición budista existe el concepto de los «espíritus hambrientos», que son aquellas que siempre están buscando algo, y que por más que encuentren siempre quieren más.

Este ladrón está siempre susurrando a nuestro oído un insidioso mantra que es algo así como: «Cuando tengas _____, serás feliz». Puedes rellenar el espacio en blanco: sería verdaderamente feliz si tuviera… una casa más bonita, una pareja mejor, más éxito en el mundo, otro cuerpo, escribiera un superventas, más amigos en Facebook, mi casa reformada, más seguidores en Twitter, más o menos fama, más tiempo libre o más trabajo, etcétera.

No pienses que todo esto sólo está relacionado con el consumismo de la forma en que normalmente lo concebimos. Por lo general, pensamos en el consumismo como el equivalente a comprar cosas. Este ladrón es mucho más astuto que todo eso. Nos dice que la felicidad está *allí afuera*.

La felicidad es una elección. Ésta es la verdad que este ladrón intenta ocultarnos a toda costa.

El hombre que perdió la llave

Hay un cuento maravilloso en la tradición sufí que nos demuestra claramente quién es este ladrón.

Un hombre regresaba a su casa por la noche y se encontró a un mulá amigo suyo agachado en el suelo bajo la luz de una farola; era evidente que estaba buscando algo.

—Mulá, ¿qué has perdido? —le preguntó.

—Las llaves de mi casa.

—Te ayudaré a buscarlas —le dijo a su amigo—. ¿Dónde se te han caído exactamente?

—Por allí, dentro de mi casa.

—Entonces, ¿por qué las buscas aquí?

—Porque hay más luz.

Este cuento que roza lo absurdo cuando lo lees por primera vez, parece un viejo chiste de comedia, hasta que colocas al ladrón como protagonista. El mulá nos representa a todos nosotros buscando fuera de nuestra casa aquello que no se puede encontrar allí. Buscamos la felicidad fuera porque el ladrón nos ha hecho creer que es más fácil encontrarla allí. El trabajo dentro de casa es más duro, pero como es donde reside la felicidad, es donde debemos estar.

Siempre termino mi meditación diaria con un mantra. Mi mantra personal, que repito muchas veces durante la meditación, empieza con las palabras: «Elijo la satisfacción». Estas palabras han sido cuidadosamente elegidas. Elegí *satisfacción* porque creo que no siempre es posible elegir ser feliz, pero sí *podemos* estar contentos. La satisfacción, es decir, la decisión de aceptar las cosas tal como son en cada momento, realmente es la decisión de no ser «desgraciado». Siempre que me doy cuenta de que soy infeliz, repito: «Elijo la satisfacción».

Cuando hace poco compartí esta idea con una persona que no conocía, me confió que le aportó alivio inmediato. Me dijo: «Ya lo he entendido. Pase lo que pase en cada momento, está en mi mano elegir no ser desgraciado. La satisfacción no significa que tengas que estar sonriendo, significa que has elegido estar en paz».

La elección de la felicidad

Es evidente que el consumismo es el pilar de toda nuestra sociedad de consumo, y por desgracia hemos creado un sistema de economía basado en que todos creemos que hemos de comprar algo para estar contentos. Los anuncios nos dicen que «descubramos la felicidad» con una botella de Coca-Cola, como si la felicidad exigiera que descubriéramos algo. Los portales de citas nos prometen que la felicidad está tan sólo a una cita para comer. Nuestro coche viejo puede que funcione de maravilla, pero mira qué felices están las personas que conducen un coche recién estrenado. No creo que sea una coincidencia que la sociedad de «espíritus hambrientos» que hemos creado esté literalmente destruyendo el planeta debido a nuestra interminable búsqueda de la felicidad fuera.

Este ladrón siempre causa estragos en uno de los aspectos más fundamentales de la vida del ser humano: las relaciones. El ladrón nos engaña haciéndonos creer que la fuente de la felicidad es consumir amor, que seremos felices si los demás nos aman. De hecho, el amor —el amor a uno mismo— ya nos pertenece sin necesidad de nada fuera de nosotros. La opción de ser una persona agradable y de ser afectuoso con todas las personas que se cruzan en nuestra vida, es algo que ya podemos hacer. Lo más irónico es que son justamente las personas que más se aman a sí mismas —y que son afectuosas con los demás— las que atraen el amor hacia ellas. Sin embargo, las que más desean ser amadas, las que más buscan la aprobación de los demás, las que «consumen más amor», suelen ser las menos agradables. El secreto de la felicidad no es conseguir el amor, sino *convertirse en él*.

La idea de que la felicidad es una opción, que podemos elegir en cualquier momento, es tan sencilla y radical que con frecuencia nos resistimos a creerla. Estamos tan condicionados a pensar que la felicidad es un efecto secundario de alguna otra cosa, que cuando le digo a la gente que deberíamos *elegir* la satisfacción, algunas personas se molestan. A decir verdad, ¡algunas veces hasta me molesta a mí cuando lo recuerdo! Observa cómo te sientes cuando recuerdas que puedes elegir estar contento en cualquier momento. Observa cómo intenta mentirte el ladrón diciéndote que es algo que has de adquirir.

No es que no podamos o no debamos disfrutar de las cosas o de las personas. La luz del sol me resulta agradable, pero la elección de ser desgraciado y estar descontento cuando llueve es mía. Hacer unas bonitas vacaciones puede aportarnos placer, pero elegir ser desgraciados por tener que volver a casa no es más que eso: una elección. Tener una relación fantástica es una fuente de alegría, pero la idea de que no podemos ser felices sin ella es falsa. El ladrón me dice que cuando haga sol, cuando esté de vacaciones y cuando tenga una relación, *entonces* seré feliz.

Como sucede con todos los ladrones, la clave para expulsarlos de casa es ser consciente de que están ahí. Se trata de observar sin juzgarse a uno mismo, ni tampoco al ladrón, las formas en que se manifiesta durante el día. Cuando llueve y el ladrón te susurra: «Si hiciera sol», puedes observar amablemente su presencia y apartarlo.

La felicidad y la satisfacción son productos mentales. Ésta es la razón por la que Shakespeare puso magistralmente estas palabras en boca de Hamlet: «Pues no hay nada bueno ni malo; es el pensamiento el que lo convierte en tal».[25] Este sencillo conocimiento nos cambia la vida, pero rara vez lo aceptamos. La felicidad no se encuentra en lo que nos sucede, sino en cómo *procesamos* lo que sucede.

Pero si la felicidad es una opción, ¿significa eso que los sentimientos de tristeza no son naturales? ¿Sentirse triste es lo mismo que ser desgraciado? Una vida buena, bien vivida y que merece la pena, ¿equivale a ser siempre feliz?

Ahora sabemos que hay algunas personas que poseen condiciones fisiológicas que hacen que les cueste más regular sus estados de ánimo, y, por supuesto, para estas personas se están descubriendo nuevos tratamientos que las ayuden. En mi propia familia tenemos algunas perso-

---

25. William Shakespeare, *The Tragedy of Hamlet, Prince of Denmark,* acto 2, escena 2, (La tragedia de Hamlet, príncipe de Dinamarca), consultado el 8 de agosto de 2016, http://shakespeare.mit.edu/hamlet/hamlet.2.2.html.

nas a que se están beneficiando de ellos, y no hay por qué avergonzarse por tomar medicamentos que pueden ayudar a equilibrar nuestro estado anímico. No obstante, las técnicas que describo aquí y que nos ayudan a elegir la felicidad siguen siendo importantes, aunque seas una de esas personas.

No me sorprendería que un día se invente una píldora para la felicidad que esté al alcance de todos y que estimule el cerebro para que segregue las sustancias químicas de la felicidad cuando así lo deseemos. ¿Por qué deberíamos preocuparnos por aprender a controlar a los ladrones cuando existe, o algún día existirá, un fármaco que nos hará estar siempre felices?

Ésta es una pregunta importante y profunda, puesto que nos lleva a cuestionarnos si la tristeza, la aflicción y la pena son emociones humanas valiosas. ¿Puede considerarse una buena vida aquella en la que jamás experimentemos estas cosas? ¿Quizás una vida humana completa sea aquella en la que también incluimos estas emociones de infelicidad, no como algo externo que hemos de superar, sino como oportunidades para reivindicar nuestra capacidad humana para elegir la satisfacción incluso entre las emociones «negativas»?

Incluso aquí el ladrón nos engaña. No sólo nos está diciendo que la felicidad está fuera, sino que las emociones negativas y la tristeza son nuestras enemigas. A veces pueden ser desagradables, pero no son nuestras enemigas. Si definimos la felicidad como simplemente el sentimiento de ser feliz cuando todo va bien, nos estamos perdiendo una parte muy importante de lo que significa ser humanos. La elección de contentarnos puede darse incluso en los momentos tristes plagados de emociones negativas.

Las investigaciones nos indican que algunas emociones que consideramos negativas, en realidad tienen una finalidad de supervivencia evolutiva positiva. Los investigadores de la Universidad de New South Wales en Australia descubrieron que la tristeza aumenta la motivación, la perseverancia y la generosidad.[26] Un ser humano iluminado es capaz de controlar su mundo mental, de estar por encima de las emociones de tristeza y elegir la satisfacción. Cada situación desafortunada es una forma de redescubrir nuestro verdadero viaje espiritual, que radica en ser capaces de elegir nuestro estado de conciencia. Todos tenemos la facultad de hacerlo, pero como sucede con todas las cosas es algo que hemos de desarrollar y dominar.

Sería feliz si…

La mente es como cualquier músculo: cuanto más lo ejercitamos, más se fortalece. Una sencilla práctica es la de ser plenamente consciente cada vez que te das cuenta de que estás pensando: «Sería feliz si…» o «Seré feliz cuando…». Estas dos frases son una pista que nos indica que el ladrón ya ha entrado en casa. No importa demasiado lo que venga detrás de estas palabras porque sea lo que sea no te hará

26. Joseph P. Forgas, "Four Ways Sadness May Be Good for You," Greater Good Science Center, 4 de junio de 2014, http://greatergood.berkeley.edu/article/item/four_ways_sadness_may_be_good_for_you.

feliz. Mejor dicho, no estás diciendo que eliges la felicidad y la satisfacción.

Siempre que te des cuenta de que estás pensando *si* y *cuando*, sustituye el filtro por este sencillo mantra:

Puedo elegir la felicidad y la satisfacción ahora. Son un producto de mi mente, no el resultado de lo que está sucediendo. Ahora elijo la felicidad.

Al principio tendrás que repetirlo muchas veces. Te parecerá que es un mero ejercicio mental mientras tu mente no entrenada se queja. Es el ladrón el que se queja. Tu yo más sabio conoce la verdad. La única forma de librarte de un ladrón es no dejando que irrumpa en tu casa. Primero has de expulsarlo, para que al final se dé cuenta de que no es bien recibido, al menos en tu casa.

Parece fácil y lo es. También parece que tendrás que tener paciencia para reprogramar tu mente; sí es cierto. No obstante, cuando la hayas dominado, la felicidad estará siempre a tu alcance.

El consumismo en la sociedad

Este ladrón le roba a la humanidad el presente y el futuro. Hemos de darnos cuenta de que ese mismo espíritu hambriento que nos impide encontrar la felicidad *allí fuera* como individuos, es también en parte lo que hace que la sociedad consuma sin ser realmente consciente de las consecuencias. No estoy en contra del consumo, ni de las cosas bonitas, ni de la nueva tecnología, ni de comprarse un bonito par de zapatos. Pero todo nuestro sistema económico se basa en que consumamos constantemente, de lo contrario nos arriesgamos a que se descubra que es el sistema el que nos controla a nosotros, en lugar de nosotros a él. Esto es tan disfuncional para la totalidad de las especies del planeta como lo es individualmente para cada ser humano.

No hace mucho nos trasladamos a una casa nueva. Mientras preparábamos la mudanza, nos dimos cuenta de cuánta ropa, zapatos y pertenencias habíamos acumulado con los años y que apenas habíamos usado. Muchas prendas de ropa nos las habíamos puesto sólo una vez. Cuando reflexiono sobre esos objetos, creo que muchos de ellos los compré cuando el ladrón estaba conmigo en la tienda. Puede que no estuviera muy bien de ánimo y que sintiera que necesitaba comprar algo nuevo para que me diera felicidad. Por supuesto, la nueva adquisición no cumplió su promesa.

Nuestro nuevo hogar es una casa dúplex con dos entradas separadas que compartimos con otra pareja. Vivir en media casa con otra pareja al lado, me hizo reflexionar sobre la fijación que tiene nuestra sociedad con las posesiones. Esto empieza cuando somos pequeños y le decimos gritando a otro niño: «¡Este juguete es *mío*!» El ladrón refuerza nuestro sentimiento de aislamiento y soledad. Nos obsesionamos con el *mi* y el *mío*, en lugar del *nuestro* y *nosotros*. Empecé a pensar en cuántos objetos duplicados habría entre nuestras dos casas, cosas que rara vez usamos.

Una de las tendencias más interesantes y positivas de nuestra era moderna es la denominada economía compartida, donde las personas lo comparten todo, desde los vehículos hasta sus hogares. Los economistas, los gobiernos y las empresas no saben muy bien qué hacer con la práctica de que las personas compartan las cosas de otra manera. Por una parte, es una tendencia extraordinariamente práctica que nos ahorra a todos mucho dinero, pero hay un aspecto más profundo aún. La economía compartida nos recuerda que poseer algo no es una fuente de felicidad.

Cuando hablamos con los copropietarios de nuestro nuevo hogar, llegamos a la conclusión de que había muchas cosas que no necesitábamos duplicar. Sólo necesitábamos una escalera de mano, una podadora de césped, una tijera de podar, etcétera. No pude evitar preguntarme hasta dónde podríamos llegar si realmente empezáramos a vivir de otra forma en el mundo. Por supuesto, los economistas nos dirían que la economía compartida no es buena para el crecimiento porque necesitaríamos menos coches, podadoras y escaleras de mano. La pregunta más profunda que valdría la pena plantearnos como sociedad es: *¿Qué nos ha hecho crear un sistema que depende principalmente del consumo egocéntrico constante y de las posesiones?*

Redefinir qué es una buena vida

Una de las conversaciones más importantes que puede iniciar una sociedad es cómo define lo que es una «buena vida». Nuestro mundo, en muchos aspectos, ha definido una buena vida como aquella en la que tienes muchas posesiones personales, así como riqueza de experiencias. Esto podría expresarse con el concepto del producto interior bruto, mediante el cual la salud de una sociedad se mide por el volumen de bienes que produce y utiliza. Esa definición de buena vida tiene sus consecuencias, aunque no sean intencionadas. Una buena vida que se basa en las posesiones personales, significa que tenemos muchas cosas que sólo usamos esporádicamente.

Los coches están aparcados en las entradas de las casas durante horas, todos los vecinos de las casas contiguas tienen podadoras de césped que sólo usan una vez a la semana, hay casas y habitaciones vacías, y máquinas quitanieve que bien se podrían compartir en lugar de ocupar espacio en cada garaje de la calle. No me considero un dechado de virtudes en este aspecto. Hubo un tiempo en que tenía una vivienda habitual y dos segundas residencias. Las dos segundas residencias permanecían vacías la mayor parte del año, en parte porque había muchas otras personas que también querían tener su propia parcela de paraíso, y no había suficientes personas interesadas en alquilar para llenar las casas cuando no estábamos en ellas.

Este uso parcial genera una increíble cantidad de desechos, tanto cuando se fabrican las cosas como al final de la su vida útil. El coste medioambiental es bastante evidente: más sustancias químicas tóxicas en el proceso de fabricación, más destrucción forestal para crear muebles y construir casas, más emisión de carbón en la atmósfera, más vertederos llenos y más plástico vertido en los océanos a medida que nuestros desechos se van descomponiendo. El coste humano no es tan evidente.

Todo lo que poseemos nos exige algo, que suele ser nuestro tiempo. Trabajamos mucho y, con frecuencia, muy duro para conseguir todas nuestras posesiones, que rara vez nos aportan la felicidad que esperábamos. Dedicar largas horas de trabajo para adquirir bienes es importante, pero para muchas personas es más importante invertirlas en a otras cosas, como pasar tiempo de calidad con la familia y con los amigos, participar en actividades de voluntariado, o dedicarlas sus aficiones y a hacer buenas obras. Cuando me deshice de las dos segundas residencias, pude concentrarme más en el trabajo que me interesaba. Pude decir que no a trabajos que solamente aceptaba para cubrir los gastos relacionados con esas viviendas. Ahora podemos plantearnos la jubilación de mi pareja para que pueda dedicarse a trabajar en lo que realmente le gusta.

Muchas personas de la generación de los *millennials* han renunciado a sus posesiones y se han gastado la mayor parte de su dinero en otras experiencias, como viajar. No nos gusta admitir que nuestras experiencias pueden llegar a ser tan destructivas para el planeta como nuestras posesiones. Hacer cruceros o tomar aviones para enriquecer nuestro personal sentido del yo, o, a veces, para huir del aburrimiento de nuestras rutinarias vidas, también tiene consecuencias, tanto en lo que respecta a la huella medioambiental que dejamos como a la degradación de entornos naturales que antes eran vírgenes.

Ahora, antes de que pienses que voy a defender el socialismo o a aconsejarte que te construyas una yurta (la casa tradicional de los nómadas de Mongolia) en el jardín trasero y que hagas votos para no volver a viajar, quiero asegurarte que no es eso lo que pretendo. Tampoco pretendo culpabilizar a toda la población mundial. No hay nada de malo en que nos gusten las cosas bellas y, sin duda alguna las experiencias que nos expanden la mente (y el corazón) como viajar al extranjero tienen un mérito considerable. No obstante, cómo definimos qué es una buena vida, tanto para nosotros individualmente como para la sociedad, es un diálogo esencial que hemos de abordar.

El ladrón quiere que definamos la buena vida como aquella en la que hemos de conseguir algo ajeno a nosotros. Sin embargo, en el fondo todos sabemos que la buena vida es y siempre será una creación interior. La buena vida está en nuestra mente. También sabemos que las relaciones y el amor nutren nuestra alma de formas que los objetos materiales nunca podrán hacerlo.

Entonces, ¿cómo podemos someter al ladrón en la sociedad?

Aquí tienes un posible punto de partida: cada vez que deseo algo externo me hago estas preguntas «¿Esto me hará feliz? ¿Realmente lo necesito? ¿Cómo puedo satisfacer esta necesidad sin propiciar más destrucción?» Todos podríamos empezar a plantearnos las mismas preguntas que nos hicimos mi vecino y yo respecto a nuestra propiedad: «¿Qué podemos compartir?» Y podemos extender esa conversación a nuestro vecindario. Cuando queremos tener una experiencia o comprar algo que tiene efectos medioambientales o sociales, podemos elegir confrontar esas preguntas con sinceridad, en vez de prescindir de ellas. Quizá te suceda, como me sucedió a mí, con las residencias vacacionales, que llegues a la conclusión de que elegir otra cosa te haría más feliz y sería más beneficioso para el resto del mundo.

En cuanto a la sociedad en general, empieza por preguntarte: «¿Cómo podemos crear un sistema que nos haga felices sin tener que recurrir al incesante consumismo como único motor de nuestra economía?» Hace algunas décadas, los futuristas predijeron que la tecnología liberaría a los seres humanos y les dejaría más tiempo libre para el ocio. Supuestamente, a medida que nos volviéramos más productivos gracias al uso de las máquinas, podríamos dedicar más tiempo a los asuntos del corazón. Pero ha sucedido todo lo contrario. En los países en vías de desarrollo y en los desarrollados, la mayoría de las personas trabaja más horas que nunca, en parte porque el sistema económico que hemos creado nos exige consumir para que las personas tengan trabajo. Las máquinas realizan gran parte de nuestro trabajo, pero eso nos obliga a vivir en un mundo más rápido, donde intentamos acumular cosas desesperadamente, cosas que han sido creadas como productos desechables, que nos prometen una felicidad que jamás conseguiremos.

Me gustaría ser lo bastante sabio como para saber qué sistema podría sustituir al que hemos creado, pero no lo soy. De lo que estoy seguro es que el primer paso es ser capaces de identificar al ladrón. Nos está mintiendo con respecto adonde se encuentra la felicidad, y por eso toda nuestra especie trabaja más de la cuenta para conseguir cosas que probablemente no necesitamos, y en ese proceso estamos causando estragos en el ecosistema del cual dependemos para nuestra supervivencia. Pero no podremos domar al ladrón si no lo nombramos. Así que nombremos al menos a este ladrón, como el que nos sustrae nuestro bienestar colectivo, e iniciemos conversaciones sobre cómo hemos de definir una buena vida que no priorice el consumismo y las posesiones.

El yogui en la playa

Hace algunos años mientras estaba de vacaciones en Jamaica, fui a clases de yoga diariamente con un gran maestro. Al final de cada sesión nos pedía que visualizáramos un lugar hermoso, real o imaginario. Teníamos que elegir un entorno donde nos sintiéramos tranquilos, felices y contentos. Podía ser una playa, una habitación silenciosa, un templo o la cima de una montaña. Yo elegí un claro en el bosque, rodeado de grandes árboles centenarios, que dejaban pasar la suficiente luz solar para calentarme donde estaba sentado. Los pájaros cantaban; el cielo estaba despejado.

Nos pedía que fuéramos a ese lugar y que experimentáramos un profundo sentimiento de satisfacción.

«Éste —nos decía— es vuestro lugar. Está en vuestro interior. En cualquier momento, cualquier día, pase lo que pase a vuestro alrededor; éste será vuestro refugio. Nadie habrá de guiaros hasta él; nadie deberá daros permiso; y cuando estéis allí, nadie os podrá arrebatar la satisfacción. No olvidéis nunca que podéis ir a este lugar siempre que lo deseéis y que el único que puede impediros ir sois vosotros mismos».

Esto me hizo reflexionar sobre algunas historias que había leído de personas que habían sobrevivido a circunstancias espeluznantes, como secuestros o como prisioneras de guerra. Muchas de ellas, especialmente las que consiguieron mantener una paz relativa, escribieron de un modo u otro sobre esta misma idea. Afortunadamente, para la mayoría de nosotros nuestras dificultades diarias para lograr la felicidad son mucho más llevaderas. Recuerda que el ladrón quiere que pienses que necesitas algo ajeno a ti para elegir la felicidad. Este ladrón no es tu amigo. Hay un lugar donde mora la satisfacción y se encuentra en tu interior.

Cuatro formas de alejar al cuarto ladrón

- Medita diariamente empezando por repetir el mantra: «Elijo la satisfacción». Busca la forma de recordar que la felicidad no está *fuera*.

- Siempre que te des cuenta de que estás pensando: «Seré feliz cuando…» o «Sería feliz si…», detén estos pensamientos y regresa a la morada interior donde se encuentra la felicidad. Concéntrate en la elección de ser feliz ahora.

- Plántale cara al consumista que hay en ti. Siempre que sientas la tentación de comprar algo, pregúntate si te aportará verdadera felicidad. El problema no está en el objeto en sí, sino en creer que te hará feliz.

- En la sociedad, hagámonos esta pregunta más profunda: ¿cómo podemos crear un sistema que permita la vida humana sin esclavizarnos a los objetos y al consumismo incesante que causa estragos en el planeta? Elige empezar a caminar con menos peso en tu mochila. Comparte cosas, compra menos y deshazte de aquellas que restan valor más que aportarlo.

Mantra

Puedo elegir la felicidad y la satisfacción ahora mismo. Son un producto de mi mente, no el resultado de lo que me está sucediendo. Elijo la felicidad en este momento.

6

El quinto ladrón: la comodidad

El último ladrón —la *comodidad*— es muy insidioso. De hecho, a simple vista puede parecernos que más que un obstáculo es un motivo de felicidad. Este ladrón es como una persona apática sentada en un sofá con el mando a distancia de la televisión en la mano. Quiere que veas siempre el mismo canal, en la misma posición cómoda, estancado en una rutina que no alienta la vida. No le preocupan las consecuencias de esta rutina, aunque el canal que estás viendo ya no te interese o ya no te sea útil para satisfacer otras necesidades más importantes.

La siguiente historia nos proporciona una maravillosa imagen de cómo somos cuando este ladrón controla nuestra vida.

Un hombre cabalgaba a lomos de un caballo grande que corría a toda velocidad por una pequeña aldea. El caballo estaba desbocado y parecía que el jinete se fuera a caer en cualquier momento.

—¿Adónde vas? —le gritó un desconocido.

—No lo sé, ¡pregúntele al caballo! —respondió el jinete.

Cuando este ladrón se adueña de nuestra casa, somos como el jinete que montaba al caballo: vamos con el piloto automático, nos dejamos llevar por las rutinas y los hábitos, que aunque puedan parecernos cómodos, no nos benefician.

Tu cerebro y la felicidad

A los seres humanos suele gustarnos el orden y nuestro cerebro parece estar diseñado para ordenar el caos. Vemos caras en las nubes, creamos los signos del zodíaco en constelaciones lejanas, y utilizamos ordenadamente nuestro cerebro todos los días para resolver problemas muy prácticos. Es un gran don. Sin embargo, hay algo irónico en la naturaleza de la mente humana que se revela en esta sencilla paradoja: nuestra mente está diseñada para la rutina pero le encanta el cambio.

Desde una perspectiva neurocientífica, nuestro cerebro está predispuesto al hábito. La inmensa mayoría de nuestras decisiones las toma nuestro subconsciente. Esto es muy útil y nos ahorra energía para las decisiones importantes o novedosas, que son las que tomamos con nuestra mente consciente. Por eso, tenemos una tendencia natural a ir con el piloto automático el máximo tiempo posible. Como le gusta decir a mi amigo y escritor Marshall Goldsmith: «Los seres humanos están diseñados para seguir haciendo lo que han hecho siempre».

Pero aunque nuestro cerebro esté diseñado para la rutina, nos encanta el cambio. Cada vez que tenemos una experiencia nueva, conocemos a alguien, aprendemos algo, comemos un alimento por primera vez o visitamos un lugar nuevo, recibimos una inyección de sustancias químicas de felicidad en el cerebro. La razón es muy simple: tener información nueva significa que puede que tengamos que adaptarnos y nuestro cerebro se pone alerta.

El neurocientífico Álvaro Pascual-Leone me dijo una vez: «Si al doblar la esquina me encuentro con un león donde no lo esperaba, esto me da una información importante para el futuro. Si llego a casa y mi mujer es cariñosa conmigo cuando no suele serlo, es una información importante». Nuestro cerebro es como una máquina para probar las hipótesis. La información nueva nos exige que estemos alerta, y eso nos produce una excitación, que a su vez nos sintoniza con el hecho de que puede que aprendamos algo importante para nuestra futura supervivencia. El resto de las veces, parece que nuestro cerebro se limita a seguir la inercia.

La evidencia de que la comodidad es un ladrón nos la facilita el hecho de que a nuestro cerebro le gusta el cambio; gran parte de nuestra felicidad se debe a tener experiencias nuevas, a enfrentarnos y a superar nuevos retos, y a aprender nuevas habilidades. La rutina es letal para el ser humano.

Una de las actividades que me gusta realizar con los grupos es pedirles a los participantes que identifiquen una etapa de su vida en que se hayan sentido verdaderamente *vivos*. Normalmente, les digo que levanten la mano si ese período en que se sintieron tan implicados en algo fue haciendo lo mismo de siempre o bien haciendo algo nuevo, como enfrentarse a un reto o una situación, o estar en un lugar o en un grupo nuevo. La inmensa mayoría de las personas responde que los momentos en los que se han sentido más vivas han sido durante los cambios, no en la rutina.

Esta necesidad de mantener a raya al quinto ladrón se manifiesta en muchas áreas de nuestra vida. Veamos las relaciones románticas, por ejemplo. La rutina y la comodidad pueden acabar con el romance. El romance surge con lo inesperado. Aunque el romance pueda florecer en la rutina diaria, probablemente la mayoría recordemos los momentos en que nos hemos sentido más vivos en nuestras relaciones íntimas, como etapas en las que nos sorprendíamos o todo nos parecía nuevo, por ejemplo, una escapada romántica de fin de semana, hacer el amor en un sitio distinto o recibir un regalo especial que rompió el patrón habitual. La novedad y la felicidad parecen ser inseparables.

Investigaciones recientes han demostrado que a nuestro cuerpo físico y a nuestro cerebro les encanta romper la comodidad de la rutina. La demencia y el Alzheimer se han convertido en uno de los mayores problemas de salud para las familias y para la sociedad. Hay muchos estudios que sugieren que cuando las personas siguen aprendiendo actividades nuevas, especialmente las que entrañan alguna dificultad, como bailar o aprender a tocar un instrumento musical, la progresión o el inicio de la pérdida de la capacidad cognitiva se reduce mucho. Cuanto más salimos de nuestra rutina habitual e involucramos a nuestro cerebro en algo, más crecimiento celular se produce y más aumenta la actividad.[27]

---

27. "The Search for Alzheimer's Prevention Strategies," página web del National Institute on Aging, consultado el 3 de agosto de 2016, https://www.nia.nih.gov/alzheimers/publication/preventing-alzheimers-disease/search-alzheimers-prevention-strategies.

Incluso hacemos más ejercicio físico cuando mantenemos al ladrón a distancia. Durante años he seguido la misma rutina de hacer ejercicio en la cinta de andar durante treinta minutos a la misma velocidad, seis días a la semana. También seguía la misma rutina en mi entrenamiento con pesas varias veces a la semana. Frustrado al ver mi aparente falta de progreso en mi condición física, empecé a investigar sobre el tema del entrenamiento a intervalos de alta intensidad, donde haces ejercicios de actividad intensa durante breves períodos, seguidos de actividades menos intensas. Aunque el ejercicio regular y el de intervalos proporcionen beneficios, las nuevas investigaciones revelan que al cuerpo le gusta la variedad tanto como a la mente, en lo que a condición física y a pérdida de peso se refiere. También descubrí que era más fácil seguir un programa de ejercicio físico cuando se introducían algunos cambios, probablemente porque nuestras activas mentes se aburren con facilidad cuando montan el mismo caballo día tras día.[28]

Quedarse estancado en un patrón de vida

Hay otra forma, que en última instancia es la más poderosa en que el quinto ladrón nos roba la felicidad, personal y colectivamente. Nuestra tendencia a ir con el piloto automático, nuestra predisposición a la rutina, significa que nos re-

---

28. Para una revisión algo más exhaustiva de la investigación sobre el ejercicio a intervalos respecto a las rutinas regulares, véase Micah Zuhl, PhD y Len Kravitz, PhD, "HIIT vs Continuous Endurance Training: Battle of the Aerobic Titans," página web de la Universidad de New Mexico, consultado el 3 de agosto de 2016, https://www.unm.edu/~lkravitz/Article%20folder/HIITvsCardio.html.

sulta fácil aferrarnos a nuestros viejos patrones aunque no se adapten a nuestra realidad actual. Las rutinas o quizá los hábitos de conducta y actitudes mentales suelen apresarnos en patrones que obstaculizan nuestra felicidad y satisfacción.

Aquí tienes un ejemplo sencillo. Mi etapa en el instituto fue muy difícil. Hubo varios factores que se unieron para hacer que mi adolescencia fuera terrible demasiado a menudo. Tenía un acné muy virulento y muchas veces mis compañeros se burlaban de mí llamándome «cara de grano». Iba a una escuela pequeña donde literalmente sólo había una chica por cada veinticuatro chicos, así que para mí era muy difícil tener novia. Otro factor que me dificultó las cosas en el instituto fue que yo era un intelectual, pero iba a una escuela donde los deportes y ser un «chico malo» eran lo que más se valoraba. Ser intelectual no estaba de moda, así que intenté por todos los medios destacar en atletismo, aunque siempre fui un deportista mediocre.

Me volví muy tímido, rara vez me arriesgaba a fracasar, y siempre intentaba estar en situaciones en las que sabía que podía ganar. El lema de mi vida era: *protégete a toda costa*.

Cuando fui a la universidad el acné ya había desaparecido. Las chicas empezaron a interesarse por mí y por fin me encontré en un entorno donde mis aptitudes naturales intelectuales eran valoradas. Por una parte, empecé a prosperar, pero había caído en un cómodo patrón de jugar a la seguridad. La realidad había cambiado, pero mis patrones internos seguían siendo los mismos. En vez de arriesgarme a invitar a salir a las chicas que realmente me interesaban, solía pedírselo a las que sabía que me dirían que sí. Aunque una relación no me funcionara, no me atrevía a romperla debido a mi antigua programación de estar a salvo. Mis notas eran altas, pero evitaba las asignaturas más difíciles y a los profesores más exigentes para seguir manteniendo mi media, así como mi autoestima. Aunque me licencié con buena nota y podía haber asistido a una prestigiosa facultad para graduados, elegí una que estaba por debajo de mis aptitudes, porque inconscientemente temía competir con otros grandes conseguidores.

La comodidad y la rutina que se adaptaban a mi realidad del instituto fueron contraproducentes cuando me convertí en un joven adulto, y he tardado años en romper esos patrones. Mi felicidad, así como mi potencial, fueron relegados durante algún tiempo por un viejo patrón de conducta aprendida que ya no me era útil.

Muchos conservamos patrones de conducta adaptativa que en algún momento nos han ayudado a sobrevivir física y emocionalmente pero que ya no nos sirven. El ladrón sujeta con fuerza el mando a distancia en su mano, advirtiéndonos de que si cambiamos de canal, nos pasarán cosas malas. Pero es justo al revés; sólo cuando cambiamos la rutina que en algún momento de nuestra vida tuvo sentido para nosotros, por otro patrón más adaptativo, podemos ser más felices.

Aquí tienes otro ejemplo de cómo se aferra el ladrón a no cambiar de canal. Quizás hayas vivido en una familia donde se evitaba el conflicto a cualquier precio. Cuando alguien expresaba el conflicto puede que eso diera lugar a una erupción de violencia verbal o física. Tu joven mente empezó a asociar espontáneamente el desacuerdo con las consecuencias negativas. Aprendiste a callar, a subyugar tus necesidades y a restar importancia a cualquier conflicto en potencia que pudiera surgir en tus relaciones. Este patrón de conducta era razonable y te ayudó a sobrevivir en tu hogar de la infancia, como mi afán de protegerme me ayudó a sobrevivir en el instituto.

Nadie te enseñó que tener la voluntad de sacar algún tema a la luz y resolverlo, lo que en realidad era la forma de mantener relaciones saludables. Nunca descubriste que al *no* hablar de las cosas, los problemas se enquistaban y empeoraban. Al intentar quitarle importancia a tus propias necesidades para mantener la paz, puede que albergues resentimiento. No tuviste ningún modelo que seguir para resolver los conflictos de forma positiva, así que has llegado a asociar equivocadamente el desacuerdo con las malas consecuencias. Ahora tienes una relación y al menor conflicto te encierras en ti mismo. El ladrón quiere que permanezcas siempre encasillado en un conjunto de hábitos que tiempo atrás tenían sentido pero que ahora tienes de cambiar.

Aunque podríamos seguir dando ejemplos, lo más útil para ti sería que reflexionaras sobre tu propia vida. ¿Qué patrones has aprendido que hayan podido ser adaptativos en una etapa anterior de tu vida pero que ahora ya no te sirven? ¿De qué forma te somete el ladrón a rutinas contraproducentes? ¿Cómo puedes desafiar los supuestos respecto a ti mismo y respecto al mundo?

Expulsar al ladrón

He mencionado en varias ocasiones el método de darse cuenta-detener-sustituir para expulsar a los ladrones. Pues bien, apliquémoslo ahora a nuestro último ladrón. Este ladrón puede ser el más difícil de identificar debido a que tanto la comodidad como la rutina no son malas en y por sí mismas, y también a que las fuertes raíces de los patrones que dirigen nuestra vida no facilitan que las veamos objetivamente.

El primer paso es darte cuenta de que los patrones que rigen tu vida pueden estar profundamente arraigados debido a tus experiencias anteriores. En mi caso uno de esos patrones críticos es intentar estar a salvo haciendo sólo aquellas actividades en las que tengo mayores probabilidades de éxito. Este patrón no es malo en sí mismo, pero muchas veces me ha impedido ir a por lo que deseo o atreverme a traspasar mis limitaciones. Aunque suele ser difícil o incluso doloroso tomar conciencia plenamente de estos patrones es esencial que lo consigamos.

Un ejemplo de ello es el caso de un buen amigo mío cuyo padre estaba deprimido y necesitaba mucha atención de sus propios hijos cuando él era pequeño. Como hijo, mi amigo animaba con gusto a su padre, pero esto no es lo más habitual. En un mundo ideal, son los padres los que normalmente están emocionalmente a disposición de los hijos, en lugar de ser los hijos los que tienen que apoyar a sus padres. Ahora, mi amigo dice que como adulto, cada vez que nota que alguien le pide demasiado, tiene una reacción desmesurada por su parte. La dependencia normal puede interpretarla como excesiva, y entonces suele espantarse ante alguien que le parece que le exige demasiado.

No obstante, él conoce muy bien este patrón, ha dedicado mucho tiempo a intentar comprenderlo, y cuando éste le monta sobre ese caballo desbocado con el piloto automático, es muy consciente de ello. Suele avisar de este patrón a las personas que tiene a su alrededor, tanto en el trabajo como en sus relaciones, para que le ayuden a contrarrestar esta tendencia natural a encerrarse en sí mismo cuando alguien necesita algo de él. Apartarse de una situación es una conducta perfectamente aceptable, pero no si sólo lo haces porque estás representando un viejo patrón. Al dedicar un tiempo a ser consciente del canal natural con el que está sintonizado, ha podido crear buenas relaciones siendo capaz de ofrecer su ayuda, pero sin que nadie traspase sus fronteras.

El siguiente paso es detenerlo. Detener al ladrón no siempre implica tener que cabalgar en otra dirección. Significa que no vas a dejar que sea el caballo el que lleve las riendas. Cuando escucho que mi voz interior me dice: «Ponte a salvo», he de preguntarme si esa voz me está siendo útil en ese momento. Cuando oyes esa voz que te está diciendo: «Los conflictos son malos» o «Esa persona me pide demasiado», has de plantarte y preguntarte si has de acatarlo. Al estar atentos, podemos preguntarnos si un viejo patrón todavía nos es útil en la situación actual. A veces la respuesta es afirmativa, pero normalmente no lo es.

Por último, sustituimos la comodidad de un patrón mental por otro diferente. El nuevo filtro para este ladrón podría resumirse en este mantra:

No soy mis patrones. El hecho de que éste sea mi canal habitual no significa que todavía me sirva. Puedo elegir otro camino.

El acto de ser consciente de un patrón mental y de sustituirlo por otro nuevo puede tener un efecto muy práctico en tu vida diaria. Una amiga mía es muy tímida debido a los abusos verbales que sufrió de pequeña. Tras esa timidez estaba la creencia de que ella nunca sería lo bastante buena para relacionarse en sociedad y que nunca estaría a la altura. La conducta y la causa subyacente se habían ido formando durante años, por eso a ella le costaba mucho abrirse a la gente, hecho que manifestaba en su comportamiento evitando mirar a las personas a los ojos, incluso cuando les estaba hablando directamente. Pero al darse cuenta de ese patrón, identificó dónde y por qué se había originado, y decidió que quería impedir que el ladrón le robara su capacidad para conectar con los demás.

Una de las decisiones que tomó fue jugar a mantener el contacto visual y no ser la primera en abandonarlo. Cuando empezó a hacerlo, al principio se sintió muy incómoda después de haber estado años evitando los ojos de los demás. Pero al convertirlo en un juego, sin criticarse a sí misma, mantener el contacto visual con las personas de un modo más sistemático se fue convirtiendo en algo natural. Concentrarse en mantener el contacto visual le ayudó a empezar a romper el patrón subyacente, que era el miedo a conectar abiertamente con los demás y no estar a su misma altura. Interrumpir un hábito sin juzgarlo y sustituirlo por una conducta nueva es un gran ejemplo de lo fácil que es acabar con patrones que se habían ido formando durante décadas. Cuando hay que desterrar al quinto ladrón, lo mejor es concentrarse primero en cambiar nuestra conducta, para actuar como si el nuevo patrón mental ya fuera el dominante. De este modo, la nueva conducta refuerza el nuevo patrón mental.

El ladrón pretende hacernos creer que los patrones anteriores de nuestra vida y las experiencias que los crearon se han convertido en nuestro destino. Afortunadamente, desde la perspectiva de la neurociencia, aunque nuestro cerebro esté diseñado para la rutina, las investigaciones más recientes sobre su neuroplasticidad demuestran que los viejos hábitos se pueden cambiar a cualquier edad. Sólo es necesario practicar patrones y hábitos nuevos que puedan reemplazar a los viejos. El primer paso es darse cuenta, el segundo detenerlo, y por último, sustituirlo. Al principio no te parecerá natural, pero con el tiempo instaurarás nuevos hábitos que serán tan sólidos como los que ya no te sirven.

La comodidad en el mundo

El mismo ladrón actúa a nivel global. Del mismo modo que el ladrón nos engaña individualmente para que sigamos montados en un caballo que nos lleva en la dirección incorrecta, también engaña a toda nuestra especie.

El primer ejemplo es que durante miles de años los seres humanos han estado a merced de la naturaleza diariamente. El mundo era grande y nosotros pequeños y pocos. Como especie desarrollamos el patrón de ver la naturaleza como algo abundante e inagotable. Nuestros patrones priorizaban la meta de someter a la naturaleza. Aprendimos a cazar, cultivamos la tierra para satisfacer nuestras necesidades, eliminamos sistemáticamente especies salvajes con nuestro consumismo y, por último, sacamos a la superficie recursos naturales almacenados durante millones de años en las entrañas de la tierra, como el petróleo y el carbón, para generar energía. Este patrón tenía sentido cuando sólo había unos pocos millones de seres humanos y los recursos naturales parecían inagotables.

Pero igual que mi patrón de autoprotegerme me fue útil en mi etapa del instituto, los patrones de seguir una rutina cómoda (incluida nuestra forma de ver el mundo) suelen interponerse en el éxito de una sociedad cuando cambia su realidad. Como el jinete que galopaba sobre el caballo, la humanidad sigue corriendo en la dirección inicial con la misma actitud que adoptó para unas circunstancias que ya no existen.

Actualmente hay 6,5 mil millones de seres humanos sobre el planeta; 4 mil millones más que hace sólo 58 años. El generoso mundo natural en el que yo nací ha cambiado radicalmente en menos de una generación. Antaño, el patrón cómodo de someter a la naturaleza como si fuera ilimitada nos fue útil. Debido a nuestra tendencia a la rutina, tanto a nivel personal como colectivo, hemos pescado casi todas las especies comerciales de peces, vertido toneladas de fertilizantes a los mares, acabado con los arrecifes de coral y creado grandes zonas muertas; hemos vertido toneladas de plásticos al mar creando balsas de basura flotante de cientos de miles de kilómetros; hemos reducido la biodiversidad, que es la savia del planeta, y las especies se extinguen a mil veces la velocidad media histórica; y a través de las emisiones de carbón hemos iniciado la alteración de nuestro propio clima del cual dependemos para sobrevivir. Toda esta destrucción se ha cometido principalmente, no con mala intención, sino porque todavía estamos funcionando con una actitud mental desfasada que ya no es válida.

Curiosamente, todavía hay mucha gente que cree que los seres humanos somos demasiado insignificantes como para cambiar el planeta entero. Y *tenían* razón. No hace mucho no éramos suficientes, ni tampoco había evolucionado tanto nuestra tecnología como para remodelar la tierra de un modo que pudiera hacer peligrar el futuro de la vida. Nuestra cómoda rutina de consumismo desenfrenado, uso descontrolado de la energía y desinterés total por el papel que el ecosistema natural desempeña en nuestro bienestar antes tenía un sentido, pero ahora esa comodidad amenaza nuestra propia existencia.

Otro ejemplo es la fe ciega en la economía de libre mercado que tienen muchas personas en el mundo desarrollado, especialmente en Estados Unidos. Estas ideologías defienden que el libre mercado es la solución a todos los problemas económicos y sociales. El capitalismo de libre mercado tiene muchas ventajas, y desde luego si lo comparamos con otros sistemas anteriores, como el comunismo o el socialismo, tal como se aplicaron en la antigua Unión Soviética, no cabe duda de que éste era el mejor sistema posible. También era el mejor sistema comparado con las economías totalitarias o controladas que limitaban el ingenio humano.

Pero nuestro temor a abrirnos a nuevas formas de pensar suele esclavizarnos bajo un sistema que puede que funcione en ciertos aspectos, pero que nos ha conducido a que se agudicen las diferencias entre los muy ricos y los muy pobres, junto con la degradación masiva medioambiental global para obtener beneficios a corto plazo. La avaricia casi destruyó la economía mundial en 2008 y el sistema sigue priorizando el producto interior bruto por encima del bienestar de los ciudadanos. Con todo esto no quiero decir que conozcamos cuál podría ser el mejor sistema híbrido para sustituir al actual, pero nos demuestra que acomodarnos a nuestro *statu quo* evita que nos hagamos las preguntas correctas. Recuerda que este ladrón quiere que sigamos montados sobre ese caballo desbocado, creyendo que tenemos el control, cuando en realidad son el hábito y la rutina los que llevan las riendas.

Lo mismo podríamos decir de la lacra del terrorismo. En un mundo donde el enemigo siempre eran las otras naciones, la actitud mental de que las guerras se ganan con el poder militar y la mano dura era perfectamente razonable. Sin embargo, la realidad ha cambiado. Ya no se combate el terror sólo con armas sino también con ideas. En el caso del terrorismo global, no luchamos contra otra nación, sino con bandas de individuos con una forma de pensar que se está expandiendo cada vez más en todo el mundo. Incluso una sola persona decepcionada y con una ideología perversa puede provocar grandes pérdidas para la humanidad.

El quinto ladrón quiere que sigamos sintonizados con la antigua forma de pensar que funcionó en un mundo que ya no controlamos. En lugar de hablar de construir puentes y de ganar la guerra de las ideas, nos pasamos la mayor parte de nuestro tiempo hablando sobre cómo mejorar nuestro poder militar, nuestra seguridad, inteligencia y tecnología. No es que la tecnología y el ejército no sean útiles en la guerra contra el terrorismo, por supuesto que lo son. La cuestión es que estamos aferrados a actitudes mentales obsoletas que no se adaptan a las nuevas realidades. Las sociedades y las naciones pueden cabalgar sobre los caballos del hábito con la misma inconsciencia que lo hacemos individualmente.

Veamos por ejemplo la forma en que son tratados los terroristas en potencia en Occidente. Con la guerra civil en Siria y la expansión del Estado Islámico, muchos países de todo el mundo no saben qué hacer con los ciudadanos que viajan a Siria y que corren el riesgo de radicalizarse. En la mayor parte de Europa se han tomado medidas severas contra cualquiera que haya viajado a ese país. En Francia han cerrado mezquitas donde sospechaban que había radicales. Reino Unido ha declarado enemigos de la nación a los ciudadanos que han ido a ayudar al Estado Islámico. Y varios países les amenazan con retirarles el pasaporte.

Sin embargo, en Aarhus, una ciudad de Dinamarca, han adoptado otra actitud, que empezó en 2012. Aunque la policía local observó la tendencia de viajar a Siria de los jóvenes musulmanes, optaron por tomar un camino distinto al resto de la mayor parte de los países europeos. Les informaron claramente de que si los ciudadanos daneses que viajaran a Siria deseaban regresar, les facilitarían estudios, ayudas para encontrar vivienda, apoyo psiquiátrico, un mentor o cualquier otra cosa que necesitaran para reinsertarse en la sociedad danesa. Y a pesar de que los medios de comunicación apodaron el programa «abraza a un terrorista», en realidad se basa en la psicología y cuenta con el respaldo de sólidas investigaciones.

Las investigaciones demuestran que existe una estrecha correlación entre la radicalización y los jóvenes que han sido humillados y que se sienten discriminados. También está demostrado que si somos amables con las personas, lo más probable es que éstas también lo sean con nosotros. Esto no quiere decir que estemos mimando a los terroristas, puesto que estos jóvenes todavía no son criminales. Son terroristas

en potencia. Este programa ha tenido bastante éxito en rein-
sertar a estos jóvenes en su sociedad y alejarlos de la radicalización.[29]

Con esto no pretendo sugerir una solución sencilla a un
problema complejo, pero sirve para ilustrar de qué forma la
comodidad puede atraparnos en patrones mentales obsole-
tos que han dejado de sernos útiles. Ya sea personalmente o
como sociedad, hemos de ser conscientes de las actitudes
que nos atan a formas de pensar y de actuar que simplemente no funcionan.

Las nuevas realidades necesitan nuevas soluciones. Lo
que es especialmente importante es que nos demos cuenta
del papel que desempeña la comodidad en nuestras respuestas colectivas a las situaciones que cambian rápidamente.
Sólo deteniendo el caballo del hábito podemos empezar a
considerar cómo podemos adaptar estos viejos patrones.

Tomar las riendas

El quinto ladrón es el más sutil de todos. Nos gusta la comodidad porque hace que nos sintamos seguros y porque es
eficaz, pero estos mismos hábitos de comodidad debilitan
los cimientos de nuestra felicidad. Es la capacidad de sor-
prendernos, no la rutina, lo que nos aporta vitalidad. Cuando controlemos al caballo, tomemos las riendas y alteremos

---

29. Hanna Rosin, "How a Danish Town Helped Young Muslims Turn Away from
ISIS," Jefferson Public Radio, 15 de julio de 2016, http://www.npr.org/sections/
health-shots/2016/07/15/485900076/how-a-danish-town-helped-young-mus-
lims-turn-away-from-isis.

el curso de los hábitos que una vez nos prestaron su servicio, podremos encontrar nuevas formas de vivir en el mundo que sean realmente útiles. La especie humana cabalga sobre el caballo del hábito que se encamina hacia la destrucción de su entorno y que está creando una sociedad que no beneficia a todos. Un nuevo mundo nos está esperando, pero sólo cuando desterremos a este ladrón y reconozcamos lo que realmente es.

Cuatro formas de alejar al quinto ladrón

- Comprométete a intentar una o dos cosas nuevas cada semana. Cambia tus rutinas, desde ir por otro camino a tu trabajo hasta tener una cita diferente con tu pareja un viernes por la noche. Proponte aprender cosas nuevas: es bueno para tu salud mental y física.

- Observa los patrones básicos de comodidad de tu vida. ¿Qué acarreas de tu pasado que ya no se adapta a tu vida actual? Identifica un patrón importante y trabaja dos meses en él; observa cómo se manifiesta y elige ir en otra dirección.

- Ten presente que puedes cambiar tus viejos hábitos. Enfréntate a cada hábito que ya no te sirva.

- En sociedad, iniciemos nuevas conversaciones sobre cómo vivir en armonía con la naturaleza, controlar los excesos del capitalismo y pensar en otras formas de solventar nuestras diferencias.

Mantra

No soy mis patrones. El hecho de que éste sea mi canal habitual no significa que todavía me sirva. Puedo elegir otro camino.

7

Expulsa a los ladrones de tu casa

Ahora que ya hemos analizado los cinco ladrones de la felicidad e identificado quiénes son, tenemos que afrontar la importante tarea de mantenerlos al margen de nuestra vida. Puesto que nuestra mente interior es la morada de la felicidad, nuestra principal función es seleccionar quién va a entrar en esa casa. Del mismo modo, la principal tarea de la sociedad es tomar decisiones conscientes respecto a qué partes de nuestra naturaleza vamos a dejar que gobiernen nuestro hogar global.

Por atrevido que sea sugerirlo, si podemos evitar que estos cinco ladrones manden en nuestra casa, la felicidad y el bienestar profundo estarán prácticamente garantizados. Estos ladrones suponen las principales causas del sufrimiento individual y colectivo. Recordemos que al principio del libro hemos dicho que la mente es el templo de la felicidad. Si podemos gobernar este mundo interior con benevolencia y sabiduría lograremos ser felices.

Reformar a los ladrones

Ahora sólo queda una cosa por hacer con los ladrones, por supuesto: expulsarlos de casa, ¿no es así? Pues bien, puede que no sea tan sencillo como parece. En el mundo físico, los ladrones no están en tu interior y expulsarlos es relativamente fácil: atraparlos, arrestarles y meterlos en la cárcel. Pero el problema con los ladrones de la felicidad es que no están fuera, sino dentro.

Hemos estado hablando de los ladrones como patrones mentales negativos. Pero casi todos los patrones mentales se desarrollaron por una razón, y con esto quiero decir que en algún momento o de algún modo fueron patrones de adaptación. Existen razones para creer que cada uno de los ladrones es una extensión de nuestra naturaleza humana innata.

Desear controlar las cosas es natural para los humanos porque hemos sido bendecidos o maldecidos con una mente ordenada capaz de controlar muchas cosas y de hacer planes para el futuro. El engaño de considerarnos el centro de las cosas es algo innato porque nacemos solos en el mundo. Nuestra tendencia a compararnos con los demás y a codiciar lo que no tenemos también es natural porque somos una especie muy social que ha aprendido a sobrevivir interpretando las emociones de sus congéneres. Nuestro interés en el consumo está muy arraigado porque desde que respiramos por primera vez necesitamos cosas ajenas a nosotros para nuestra supervivencia básica, como alimentos, agua y el contacto físico. Por último, nuestro cerebro está preparado para la rutina porque es una manera muy eficiente de utilizar la energía. Por consiguiente, buscar la comodidad siguiendo siempre la misma rutina es una tendencia inherente en nosotros, y puesto que los ladrones son patrones de pensamiento naturales que hemos dejado que nos dominaran, no será fácil eliminarlos por completo.

La expulsión definitiva de los ladrones implicaría eliminar partes de nosotros mismos, elementos que nos hacen un buen servicio en su lugar apropiado; por lo tanto, lo que necesitaremos será *reformarlos*, hacer que se adapten a ese yo superior y sabio que todos tenemos, el que sabe que cuando no controlamos estas tendencias internas, nos roban la felicidad y la armonía que nos pertenecen por derecho propio. Resulta que los ladrones no son fuerzas extrañas que han venido a invadirnos, sino que más bien se parecen a las células cancerosas, las células de nuestro organismo que han sufrido una mutación y se niegan a morir.

Pero ¿cómo reformamos a estos ladrones si son algo tan innato en nuestra forma de ser?

El conocedor

Para reformar a los ladrones primero hemos de contactar con otra parte de nuestra naturaleza humana: el *Conocedor*. En el interior de cada uno de nosotros hay un yo dentro del yo. Sabemos que existe este yo porque oímos su voz frecuentemente a lo largo del día. El Conocedor es esa parte de nosotros mismos que nos observa mientras vivimos. Es la que cuando haces algo sonríe a sabiendas y dice: «¡Vaya, ya has vuelto a caer!»

Todos hemos experimentado momentos en que sentimos que, de algún modo, hemos salido de nosotros mismos y hemos podido observar nuestra propia conducta. Puede ocurrirte cuando estás frustrado por algo y actúas de un modo que sabes que no es productivo. De pronto, te das cuenta de que existe otra parte benévola que observa tu conducta; y te dice algo parecido a esto: «¿Me estás tomando el pelo? ¿Realmente piensas que esto te está ayudando ahora? O ¿Puedes verte en estos momentos?» Éste es el Conocedor; la parte de nosotros mismos que puede observar nuestra conducta con serena objetividad.

No sabemos si existe alguna otra especie que tenga esta voz interior. Mi perro es muy inteligente, pero no sé si alguna vez se ha observado a sí mismo ladrando como un loco cuando suena el timbre de la puerta y se ha preguntado: «¿Por qué te pones así? Ya sabes que cuando suena el timbre de la puerta nunca se trata de nada peligroso. Por favor, ¡obsérvate!» Puesto que es evidente que estamos hechos de la misma materia que otras criaturas de este planeta, podríamos suponer que no somos la única especie que tiene alguna facultad de este tipo. Lo que sí sabemos es que como seres humanos tenemos la capacidad de controlar nuestros instintos y observar al yo siendo el yo.

Los cinco ladrones no son una trampa cósmica, no son la serpiente del que podría ser el jardín perfecto. Es evidente que en algunos aspectos importantes en su momento fueron y todavía son patrones de adaptación. Por ejemplo, es útil tener una mente que intenta controlar las cosas, puesto que eso nos ha conducido a todos los avances tecnológicos que han hecho que la vida humana fuera mucho más fácil e interesante. Pero si no lo revisa el Conocedor, que es el que puede ver que hay muchas cosas que no podemos controlar, nuestra capacidad y deseo de controlar las cosas no se convierte en una ayuda sino en la causa de nuestra desdicha.

Puesto que el Conocedor es la parte del yo que puede observar al yo, también es el que se encarga de la reforma. De modo que la buena noticia es que el principal reformador ya se encuentra en nuestro interior. Lo malo es que la mayoría de las personas viven guiándose por sus instintos e ignoran por completo la existencia del Conocedor.

En muchas tradiciones espirituales existe este concepto del Conocedor. En el budismo es una conciencia cósmica. El Conocimiento es la verdadera esencia de la vida; trasciende la individualidad y está al alcance de todos. Cuando el sijismo habla de nuestro sentido común natural, a mí me parece que se está refiriendo al Conocedor. En la tradición cristiana, el Espíritu Santo es el que cumple ese rol.

De modo que si eres creyente puedes pensar en el Conocedor como algo que tiene vida propia, pero que a la vez es una parte de ti mismo, el yo sabio que está presente en todo el universo. Si eres una persona más racional y de pensamiento científico, considéralo como la capacidad de autorreflexión innata de la mente humana.

No importa cuál sea el contexto en el que sea entendido, es la capacidad de elevarnos por encima del yo para observar al yo, la que nos permite expulsar a los ladrones. Sin embargo, muchas personas no somos capaces de reivindicar este poder interior. Nos pasamos los días a merced de los ladrones, cuando tenemos un yo interior que está dispuesto a ser el sabio que more en nuestro templo interior.

Quizá nos será más fácil reformar a los ladrones cuando nos entreguemos realmente al Conocedor. El trabajo de reformar es permitir que el Conocedor se vaya ocupando gradualmente de los instintos. Que empiece a escuchar con más atención a esa parte de ti que reconoce a los ladrones, y permitirle que sea su voz la que domine. El Conocedor es sincero con nosotros. Es la felicidad natural que todos tenemos dentro.

Treinta días para expulsar a los ladrones

Probablemente ya te habrás dado cuenta de cómo cada uno de estos ladrones nos roba la felicidad, y deseas vivir sin que te controlen. Pero ¿cómo puedes conseguirlo? Es importante saber que deshacerse de estos patrones mentales es como desarrollar cualquier otro hábito: requiere tiempo, disciplina y planificación.

Puesto que pocos podemos comprometernos a algo a largo plazo de forma imprevista, te recomiendo un sencillo plan de 30 días para echar de tu casa a los ladrones. Tendrás que comprometerte a realizar tres sencillas prácticas que no te exigirán más de 15 minutos al día. Puede que transcurrido este plazo no hayas conseguido expulsar del todo a los ladrones, pero habrás avanzado mucho en el entrenamiento mental para la felicidad.

En primer lugar, comprométete a usar los cinco mantras de este libro repitiéndolos cada día. Te aconsejo que los recites cuando te levantes y que los vuelvas a repetir antes de acostarte:

Elijo estar en el momento presente y aceptar las cosas tal como son. La felicidad no está en el resultado que busco.

Estoy conectado con todo lo que es, y si puedo contribuir al bien de la totalidad, la felicidad me encontrará a mí.

La vida no es una competición. Voy a dar gracias por lo que tengo y por quién soy. Celebraré el éxito de los demás, pues cuando me alegro por otros, soy feliz.

Puedo elegir la felicidad y la satisfacción ahora. Son un producto de mi mente, no el resultado de lo que está sucediendo. Ahora elijo la felicidad.

No soy mis patrones. El hecho de que éste sea mi canal habitual, no significa que todavía me sirva. Puedo elegir otro camino.

Concéntrate cada día en uno de estos mantras. Por ejemplo, si eliges concentrarte durante todo el día en vivir el momento presente, detén cualquier preocupación por el futuro o lamento por el pasado en cuanto se manifieste y sustitúyelo por el mantra. Si te das cuenta de que te estás resistiendo a algo que está sucediendo y que no puedes cambiar, repite el mantra. Puede ser un atasco de tráfico, que la lluvia te haya obligado a suspender el partido de golf o que tu pareja no quiera hacer lo mismo que tú. Simplemente acepta las cosas tal como son en cada momento.

La segunda práctica es escribir un diario de gratitud durante los 30 días. Piensa cada día en tres cosas por las que puedas dar las gracias. Comprométete, y proponte hacerlo siempre a la misma hora, ya sea al levantarte y reflexionar sobre el día anterior o antes de acostarte. Luego elige a diario a alguien que conozcas y escribe algo que te gustaría que le sucediera en *su* vida para celebrarlo con él. Esta práctica puede ser especialmente poderosa si eliges algo que, de algún modo, envidias o codicias.

La tercera y última práctica es dedicar todos los días unos minutos a preguntarte: «¿Ha aparecido hoy alguno de los cinco ladrones?» Permite que el Conocedor identifique el patrón para que pueda atraparlo la próxima vez. Quizás el mero hecho de saber que vas a hacerte esta pregunta al final del día, signifique que te vas a dar cuenta justo en el momento en que aparezca.

Haz estas tres prácticas durante todo un mes. Comprobarás que tu felicidad aumenta cuanto más entrenas tu mente a estar abierta a ella.

Bajar de la cima de la montaña

Cuando me tomé ocho meses sabáticos se me aclararon muchas cosas. Recuerdo claramente un día que estaba sentado en un pequeño café de los Andes peruanos escribiendo las claras verdades que estaba extrayendo de mi viaje, incluidos los nombres de los cinco ladrones. Pero como dijo una vez el gran mitólogo Joseph Campbell, el viaje del héroe no se completa hasta que regresas al mundo real y pones en práctica lo que has aprendido.[30]

Así que puede que te estés preguntando si encontré la felicidad que buscaba.

El cambio principal que he experimentado desde que saqué tiempo para desconectarme de mi vida normal ha sido darme cuenta de que la satisfacción se logra mediante la disciplina de la práctica diaria. Durante años había estado buscando la felicidad como suelen hacerlo muchas personas. Me pasaba el tiempo intentando conseguir que los «acontecimientos» de mi vida fueran perfectos para poder ser feliz. Mi mayor logro ha sido darme cuenta de que la satisfacción verdadera y estable es la que surge de entrenar la mente y el corazón para la felicidad.

Pocas personas conseguimos ser siempre felices. El Buda lo vio claramente. En el mundo exterior el sufrimiento está siempre presente y sólo la sabiduría puede transformarlo. La sabiduría es ver las cosas con claridad. Soy mucho más feliz que cuando inicié este viaje. Al igual que el Buda, me siento más despierto.

Los ladrones me siguen acechando, pero su capacidad para embaucarme ha disminuido mucho. Hay un poema de David Whyte titulado «La estatua de Buda», que dice lo siguiente: «[...] fiel a todas las cosas a medida que las vas encontrando, hasta que todas se inclinen ante ti».[31] Y fue justo

---

30. Véase Joseph Campbell, *The Hero with a Thousand Faces,* New World Library, Novato, California, 2008 (Versión en castellano: *El héroe de las mil caras,* Fondo de Cultura Económica de España, Madrid, 2005).

31. David Whyte, "Statue of Buddha," en *River Flow: New and Selected Poems,* ed. rev., Many Rivers Press, Langley, Washington, 2012: p. 308.

cuando el Buda despertó y se inclinó ante todas las cosas aceptándolas tal como eran, cuando al final todo acabó inclinándose ante él. En realidad, el viaje hacia la felicidad es un camino que recorremos diariamente para encontrarnos con todas las cosas a medida que van apareciendo en nuestra vida, incluidos los ladrones. Si estamos dispuestos a ser fieles a nuestra práctica, al final los ladrones acabarán inclinándose ante nosotros.

8

Imagina un mundo
sin los cinco ladrones

En este libro hemos ido analizando el papel que desempeñan
los cinco ladrones no sólo en el ámbito personal, sino también en el social, puesto que la humanidad en su totalidad es
una extensión de cada uno de nosotros. En los años que llevo
dedicándome al asesoramiento de distintas organizaciones,
he podido comprobar repetidas veces que una organización
no es una entidad, sino la suma de sus partes. Una sociedad
no existe en el verdadero sentido de la palabra porque no es
algo tangible que podamos sentir o tocar. Lo que llamamos
sociedad es una red de interacciones de muchos individuos,
que con el tiempo acaban dictando un conjunto de normas
de conducta, cuyo origen son los individuos que componen
la sociedad. Por esta razón, todos los cambios sociales o a
nivel organizacional deben empezar siendo un cambio personal.

A Otto Scharmer, de la Sloan School of Management (escuela de administración de empresas) del MIT, le gusta citar
a un director general que entrevistó hace años y que dijo: «La
calidad de la iniciativa será directamente proporcional a la

vida interior del iniciador». Es otra forma de decir que la organización es una extensión de la vida interior de quienes la dirigen. Por supuesto, esta opinión no siempre es bien recibida porque preferimos culpar a la sociedad u organización de todo lo que no funciona, en lugar de plantearnos de qué forma nuestra vida interior podría cambiar el mundo que nos rodea.

En mi anterior libro *Stepping Up: How Taking Responsibillity Changes Everything*, analicé esta idea más a fondo. Basta con decir que señalar con el dedo se ha convertido en un mal endémico en todo el planeta y muy especialmente en nuestra sociedad occidental. Todo el mundo actúa como si fuera otro el que ha creado los problemas que atormentan a la humanidad, en lugar de considerar que la sociedad es una extensión de lo que somos interiormente. Queremos un mundo distinto sin profundizar en nosotros mismos. Por eso hay dos razones para reformar a los ladrones interiores: una es egoísta y la otra altruista. Para ser felices hemos de domar a los ladrones, pero también hemos de reformarlos en nuestro interior porque el mundo no cambiará hasta que nosotros no lo hagamos.

Aquí hay un sencillo ejemplo que puede ayudarnos. Si observamos la división que existe en el ámbito de la política en Estados Unidos, nuestro primer impulso es culpar a los políticos y quizás a los medios de comunicación de este ambiente evidentemente disfuncional. Sin embargo, si lo examinamos con más detenimiento veremos que, en general, a la sociedad le cuesta hablar de las diferencias de opinión. El primer ladrón, el control, está presente por todas partes intentando protegernos de la disonancia cognitiva de otros puntos de vista diferentes a los nuestros. El consejo clásico de que es mejor no hablar de política ni de religión es cierto, pero no porque los políticos estén divididos. La razón es nuestra propia incapacidad para dejar de lado el tiempo suficiente nuestro afán de controlar a fin de poder escuchar realmente a quienes no comparten nuestras ideas. Por eso limpiar nuestra propia casa siempre es el primer paso.

Mahatma Gandhi dijo: «Los únicos demonios que hay en este mundo son los que acechan a nuestro corazón, que es donde se libran todas las batallas».[32]

Probablemente, sea la razón por la que Jesús dijo: «Saca primero la viga que tienes en tu ojo, y entonces podrás ver con claridad para sacar la astilla del ojo de tu hermano».[33]

Todos los grandes maestros nos invitan a que busquemos en nuestro interior los males que queremos erradicar en el mundo.

La transformación individual es imprescindible. En *Stepping Up* hicimos encuestas para averiguar por qué las personas no se esfuerzan más para intentar cambiar el mundo. La respuesta más extendida fue que creían que una sola persona no podía hacer mucho. No obstante, en la tarea de expulsar a los ladrones de nuestro mundo colectivo, una persona importa y mucho. Una persona puede crear una onda expansiva que puede cambiar su pequeño círculo: familia, amistades, hijos y compañeros de trabajo. Una persona importa, porque al final todo cambio significativo es el resultado del

---

32. Dr. Purushothaman, W*ords of Wisdom: 1001 Quotes & Quotations,* vol. 44, Center for Human Perfection, Kollam, Kerala, India, 2014, p. 93.

33. Lucas 6:42 (Versión Estándar Inglesa).

cambio que han hecho millones de personas. La sociedad no cambia, cambian las personas.

Los ladrones corren desbocados por el mundo

En este momento, los cinco ladrones corren desbocados por el mundo. El Conocedor no está al mando de nuestra casa colectiva. Sin embargo, hay una parte de nosotros como especie que puede elevarse por encima del barullo para ver, de manera imparcial, lo que está sucediendo.

El primer ladrón, el control, hace que personas de todo el planeta se aferren a sus puntos de vista, en lugar de intentar buscar soluciones creativas a los problemas a los que nos enfrentamos. Puesto que tenemos esa gran necesidad de creer que nuestras opiniones son las correctas, probablemente porque sabemos que, en realidad, no hay muchas cosas que podamos controlar, somos incapaces de trabajar juntos para descubrir lo que compartimos.

El segundo ladrón, la arrogancia, nos hace actuar como si el mundo entero girara en torno a nosotros, que por extensión equivale a decir «mi generación». Es decir, mientras nos cuidamos principalmente de contentar a nuestro ego para estar satisfechos, no somos capaces de ver que esta generación y sus necesidades poco importan en el esquema global. El gran experimento de la vida empezó mucho antes de nuestra generación y nosotros tenemos el privilegio de formar parte de él. Este ladrón nos ha conducido a que esta generación utilice la riqueza del mundo, no sólo en detrimento de las generaciones futuras, sino de la propia existencia en el planeta. Sólo cuando reformemos a este ladrón y seamos capaces de ver realmente que el sentido de las cosas nos lo aportará nuestra contribución a la propia vida, la humanidad se convertirá en una fuerza evolutiva hacia el bien.

El tercer ladrón, la codicia, crea un mundo en el que creemos que para que alguien gane otro ha de perder. Al fin y al cabo, alguien ha de ser el más guapo, el más rico y el más famoso. La codicia nos hace ver a los demás como impedimentos para nuestra felicidad, y esta visión siembra las semillas de la violencia, del genocidio y la absurda idea de que no todo el mundo puede ganar. Hemos de darle otro significado al concepto de ganar que no tenga nada que ver con la idea de «tú o yo», y acercarnos al de un mundo donde todos prosperemos, no sólo porque es más justo, sino porque eso nos ayudará a sobrevivir.

El cuarto ladrón, el consumismo, nos ha engañado para crear un mundo donde consumir de manera desenfrenada sea sinónimo de felicidad. Pero la felicidad no se encuentra en las cosas, por supuesto, sino que es una opción que está a nuestro alcance en cada momento. Nuestro actual sistema económico no se centra en el bienestar colectivo, sino que nos exige un consumo insostenible para que las personas puedan ganarse la vida. Nuestro afán de adquisición nos conduce a abarrotar nuestras vidas de objetos, pero nos crea una profunda carencia de sentido y de solidaridad. Este ladrón nos embauca midiendo nuestro bienestar por lo que consumimos, en vez de valorar la experiencia de la felicidad compartida.

El quinto ladrón, la comodidad, hace que la humanidad siga aferrada a hábitos que ya no necesita, como el tribalismo y considerar que la naturaleza está para ser explotada.

Estas dos formas de ver el mundo en su momento fueron medios de adaptación, o al menos no eran letales cuando las sociedades eran más pequeñas y locales. Sin embargo, en nuestro mundo del siglo XXI concentrarnos en lo que es bueno para nuestra tribu y ver la naturaleza únicamente como una fuente de explotación, nos conducirá a dejar un planeta medioambientalmente diezmado, donde la desigualdad amenaza con crear mayor inestabilidad civil, dentro y fuera de nuestros países.

Un mundo sin los ladrones

Soy consciente de que culpabilizar a los ladrones de todos los males de este mundo es simplificar demasiado las cosas, pero si tuviéramos que imaginar un mundo sin estos ladrones, podríamos empezar a ver las posibilidades.

Pensemos por un momento en la canción «Imagine» de John Lennon, que ha sido capaz de tocar la fibra de muchas culturas. ¿Por qué una canción con una letra tan simple se canta en tantos idiomas?

«Imagine» plantea un mundo sin los ladrones. Un mundo sin países, ni religiones, sin nada por lo que vivir o morir. Un mundo donde no hay posesiones. Un mundo en el que vivamos el hoy, estando justo aquí en el momento presente. En la breve letra de una canción, Lennon imaginó un mundo donde el control, la arrogancia, la codicia, el consumismo y la comodidad habían sido dominados.

De joven yo era muy religioso y la línea donde Lennon dice «sin religión» me parecía un poco ofensiva. Pero ahora, con unos cuantos años de experiencia a mis espaldas, me parece evidente que la desaparición de la religión o de la espiritualidad no era lo que él imaginaba que iba a ser tan curativo. Estaba hablando de un mundo donde la religión no fuera la causa de tanta división debido a nuestra necesidad de controlar las opiniones de los demás.

No es justo decir que la religión sea la causa de los males de este mundo, como han dicho algunos. Una visión objetiva de la historia de la humanidad probablemente nos conduciría a la conclusión de que la religión ha sido una fuerza para el bien y para el mal. Muchas de las ideas más nobles de la humanidad proceden de sus múltiples religiones, pero hasta las religiones pueden verse contaminadas por los ladrones.

Cuando una religión o sistema de creencias está bajo el control de los ladrones, se convierte en una fuerza destructiva. Una religión que pretende controlar a los demás, que es lo suficientemente arrogante para considerarse la única verdadera o que considera que los seres humanos son los únicos seres que tienen espíritu, que codicia posicionarse como la verdad absoluta respecto a las demás, que consume dogmas como fuente de redención, en lugar de velar por el perfeccionamiento de la mente humana y que se guía por la comodidad y la falta de voluntad para adaptarse, ese tipo de religión no beneficia en nada al futuro de la humanidad. Afortunadamente, siempre ha habido profetas en todos los credos para recordarles sus nobles verdades.

Una sociedad plenamente consciente
de lo que está ocurriendo aquí y ahora

Para someter a los ladrones en nuestro mundo colectivo, hemos de estar dispuestos a practicar el mindfulness o atención plena en la sociedad al igual que lo practicamos individualmente. Utilizando la misma sencilla idea —darse cuenta, detener y sustituir— podemos empezar a reimaginar un mundo distinto. No cabe duda de que la principal tarea que tenemos es atrapar, arrestar y reformar a los ladrones en nuestro interior; de este modo nos convertiremos en otro tipo de ciudadanos. Al dejar de estar bajo la influencia de los ladrones, actuaremos de una manera que favorezca el mundo que deseamos crear.

No obstante, los cinco ladrones tienen una razón de ser en el marco consciente en el que contemplamos nuestra vida colectiva. Puesto que he dedicado la mayor parte de mi vida al mundo empresarial, voy a utilizarlo como ejemplo.

La mayoría de las grandes empresas están bajo el yugo de los ladrones, en detrimento de su propia entidad y de las comunidades donde desempeñan su negocio. Por ejemplo, la arrogancia hace creer a una empresa que el mundo gira en torno a ella, cuando es justamente lo contrario. Las empresas prosperan cuando prospera el entorno donde operan. Un ejecutivo de Coca-Cola hablaba de los intentos de la empresa por mejorar la sostenibilidad y la responsabilidad social de este modo: «Somos una empresa con ciento veinte años de antigüedad y queremos seguir otros ciento veinte años más. Pero si la sociedad no prospera, no podrá comprar nuestros pro-

ductos y nosotros no creceremos». Es decir, estaba recono-
ciendo que la arrogancia no le hará ningún bien a su empresa.

Las empresas han de darse cuenta de que a menos que
ayuden a solventar los grandes problemas de hoy en día,
como la desigualdad, la intolerancia y la sostenibilidad, no
tienen un futuro muy alentador por delante. Son ellas las que
dependen de la salud de los lugares donde realizan sus negocios, no a la inversa.

Lo que necesitamos urgentemente son empresas y líderes que entiendan que han de concentrarse en el bienestar
del mundo entero para que su negocio prospere. Una visión miope sobre su propia supervivencia sacrificando un
bien mayor, sólo les servirá a corto plazo.

La codicia puede cegarlas temporalmente a esta evidencia,
mientras escuchan al espejo de los beneficios trimestrales que
les dice: «Eres la más rentable». Pero la comparación no les
dejará ver las múltiples formas en que pueden cooperar con
los demás, lo que les garantizarían su supervivencia a largo plazo. Una empresa agrícola puede ser muy rentable a corto plazo utilizando prácticas insostenibles, pero sólo creando
reglas de sostenibilidad podrá sobrevivir toda la industria.

Lo mismo sucede con los gobiernos y las naciones. En un
principio podría parecer que concentrarte codiciosamente
en las necesidades de tu tribu es por el bien propio. Pero si
todo el mundo hace lo mismo, lo más probable es que crezca
la desigualdad. La desigualdad y la pobreza fomentan la
inestabilidad. La inestabilidad suele conducir a gobiernos re-
presivos y a la radicalización de sus ciudadanos. Pronto tendremos que vivir en un mundo de países vallados, pero al
igual que en los barrios amurallados que hay en países donde

la mayoría de la población es pobre, las vallas nunca serán lo bastante altas para mantener los problemas alejados de las casas. Un mundo que funcione colectivamente también funcionará para cada persona de forma individual.

Cuando seamos capaces de identificar a los ladrones, podremos ver todas las formas en que éstos influyen en la sociedad. Hemos de empezar por distanciarnos un poco y observar objetivamente lo que está pasando a nuestro alrededor.

Se pueden aplicar los mismos tres pasos: reconocer a los ladrones, detenerlos sin juzgarlos cuando ya no nos sean útiles y elegir otro camino. No será fácil, pero se ven signos en todo el mundo de que está emergiendo una conciencia del Conocedor —la capacidad humana de observar su propia conducta, distanciándose conscientemente para tomar un camino distinto— que puede ayudarnos a crear el mundo en el que a todos nos gustaría vivir.

Es esta facultad de elevarnos por encima de la experiencia del momento la que más necesita la humanidad en estos momentos. Las tradiciones espirituales descubrieron el poder del mindfulness y de la meditación hace miles de años, pero hasta ahora no nos hemos empezado a dar cuenta de que esta habilidad de elevarnos por encima de las experiencias y observarlas, bien podría ser la que más necesita la humanidad para su evolución. Sólo entonces seremos capaces de observar conjuntamente las formas en que los ladrones están robando a nuestra especie su mayor potencial.

En un mundo donde los ladrones no existieran podríamos hacer lo siguiente:

- Dejar de controlar a los demás para intentar que vean el mundo como nosotros, y crear un espacio para el verdadero diálogo y la comprensión entre las religiones y los distintos puntos de vista.

- Definir la felicidad por el bienestar de toda la sociedad e incluso del planeta.

- Dominar el espíritu de la codicia que hace que veamos a los demás como obstáculos para nuestra felicidad y crear un mundo en el que todos ganemos.

- Poner a prueba un sistema que se basa en el consumismo desenfrenado que ha provocado más soledad que felicidad.

- Poner a prueba los hábitos de nuestra especie que ya no nos sirven, como el tribalismo y el hecho de considerar que la naturaleza está para ser explotada por nosotros.

Reivindicar nuestra verdadera naturaleza

Este libro empezó con una sencilla premisa y termina del mismo modo. La felicidad es nuestro estado natural. Nacemos estando profundamente conectados con toda forma de vida, hasta el punto que la vida sólo puede proceder de otra vida. La separación es irreal. El niño o la niña recién nacido, siempre que sea alimentado y amado, sonreirá naturalmente al mundo. Si vencemos a los ladrones, encontraremos una felicidad que nos pertenece por derecho propio.

Los seres humanos somos cooperativos, generosos y, en última instancia, una fuerza constructiva para el futuro de la evolución. Precisamente hemos tenido tanto éxito como especie porque aprendimos a cooperar y a trabajar juntos. Ahora toca reformar a los ladrones para abandonar nuestro mezquino tribalismo —nuestra arrogancia de pretender que el mundo gire en torno a nosotros— y usar nuestra creatividad para mejorar la vida en la tierra para nosotros mismos y para todas las demás criaturas.

Hay una razón muy importante para ser optimistas respecto a nuestra especie, a pesar de todos los sucesos que llenan las noticias. Como siempre dice mi hija de casi 30 años: «Sabemos que el bien está ganando, al fin y al cabo todavía estamos aquí». Nuestra compasión y capacidad para cooperar son los que nos han permitido llegar tan lejos. El lado oscuro está presente y eso es innegable, pero también lo es nuestra verdadera naturaleza subyacente, que es lo que somos realmente cuando no están los ladrones.

El templo de la felicidad para nosotros mismos y para nuestra especie está en nuestra mente. Hemos de permitir que el Conocedor se eleve por encima del barullo, identifique a los ladrones por lo que son, ponga fin a su reinado ilimitado y elija un nuevo camino. Podemos hacerlo y hemos de hacerlo colectivamente.

Agradecimientos

En las dos últimas décadas he escrito seis libros y muchas de las personas que me han ayudado han permanecido a mi lado todos estos años. Sin embargo, siempre doy las gracias por los nuevos ayudantes que aparecen en cada uno de mis proyectos.

Gracias a Steve Piersanti y a su increíble equipo de Berrett-Koehler. Este es mi cuarto libro con ellos y su dedicación a la hora de aportar ideas importantes al mundo es una fuente de inspiración para mí. Steve me ayuda siempre a trabajar con mis ideas para mejorarlas. Gracias por tu confianza constante en mi trabajo.

Gracias a mi pareja, Janice Halls. Es la persona más espiritual que conozco, y es un modelo para mí de gran parte de lo que he escrito en este libro. Me ayuda a mantener alejados de nuestra casa a los ladrones. Cada año aumenta mi gratitud por tu presencia.

Gracias a mis amigos y compañeros de profesión de Learning Network, que siempre me apoyan y me ponen a prueba. Aunque la mayoría son escritores, nunca fallan en ayudarme de todas las maneras posibles. Mi especial agradecimiento a mi amigo Marshall Goldsmith. Es una de esas personas a las que cuando les pides ayuda, lo único que saben responder es: «¿Qué necesitas y cuándo?» Tu trabajo y generosidad me inspiran todos los días.

Gracias a mi madre por su amor y su apoyo incondicionales. Incluso a sus 80 años lee vorazmente, así que no me extraña que yo tenga vocación de escritor. Ella siempre ha sido mi principal animadora, para cualquier cosa que he intentado hacer a lo largo de mi vida.

Gracias a mis amigos y amigas que me animaron a tomarme un año sabático para explorar personalmente la felicidad más profunda. Entre ellos quiero agradecérselo especialmente a Chris Cappy y a David Kuhl. Tengo muchos amigos que han hecho el Camino de Santiago y que me han animado a hacerlo. Este libro no existiría si no lo hubiera hecho.

Gracias al equipo de Speaker's Spotlight, que me sigue promocionando como orador en el mundo. No podría tener mejores socios y espero que ayudemos a miles de personas a ser más felices, a la vez que construimos un mundo mejor para todos.

Gracias a mis amigos, tanto a los nuevos como a los viejos, que aportáis tanta felicidad a mi vida. Ya sabéis quiénes sois y no me gustaría olvidar mencionar a nadie. Siempre estaré agradecido a mi hermano de otra madre, Jeremy Ball. Hemos caminado juntos muchos años en nuestro viaje para despertar el alma y espero que sigamos haciéndolo muchos años más.

Gracias a KoAnn Skrzyniarz y a su organización, Sustainable Brands. Estás en primera línea redefiniendo qué es una buena vida y tu valor para iniciar conversaciones que han marcado la diferencia me animó a que el tema de este libro fuera más allá de la felicidad personal.

Gracias a todos los viajeros que conocí durante mi período sabático, especialmente a los peregrinos del Camino.

Quiero darle especialmente las gracias a Jim, un americano que conocí en el trayecto y que me dijo que escribiría otro libro, pero que me asegurara de que fuera bajo la inspiración divina. Estuvimos juntos sólo unas horas, pero fueron muy importantes para mí.

Gracias a Linda, mi asistente, que me ayuda a que conserve la cordura en mi vida y se encarga de todas las cosas relacionadas con mi trabajo.

Gracias a Gary Bello y Duncan Shields, cuyas potentes voces me ayudaron a atravesar una etapa difícil que me sirvió para encontrar una fuente de felicidad más profunda.

Gracias a los miles de personas que han compartido sus historias conmigo todos estos años. Gran parte de lo que sé se lo debo a escuchar.

Por último, gracias a mi mentor y amigo, John Mroz. Dejó este mundo demasiado pronto, pero me enseñó el poder del propósito con su vida ejemplar. Cuando te pedí que caminaras junto a mí en el Camino, aunque ya habías dejado este mundo, ni siquiera entonces me decepcionaste.

Sobre el autor

John Izzo es ministro presbiteriano, conferenciante de renombre, periodista, coach para ejecutivos y líder en su comunidad. Ha escrito los superventas *Despertar el alma de la empresa*, *Stepping Up* y *Los cinco secretos que debes descubrir antes de morir*.

Es un conferenciante muy apreciado tanto en congresos como en eventos corporativos; ha hablado ante más de un millón de personas en todo el mundo. En su lista de clientes se encuentran prestigiosas empresas, como IBM, Qantas, la Clínica Mayo, Humana, Microsoft, Hewlett-Packard, TE-LUS, Walmart y McDonald's. Cada año da conferencias en más de setenta congresos y suele dirigir retiros sobre la eficacia del liderazgo personal.

Su libro *Los cinco secretos que debes descubrir antes de morir* sirvió de base para un exitoso programa de televisión de cinco horas de duración, producido por el Biography Channel, que luego fue emitido por la PBS. Este libro para el cual entrevistó a 250 personas de edades comprendidas entre los 60 a 106 años y les pidió que reflexionaran sobre lo que habían aprendido acerca de la vida, ha sido traducido a más de 20 idiomas.

Ha sido uno de los pioneros del movimiento de responsabilidad social corporativa y está muy comprometido en ayudar a crear un futuro más sostenible. Además de su trabajo como conferenciante y escritor, ha participado activamente en proyectos para la conservación y creación de un futuro más sostenible. Es cofundador de The Men's Initiative, afiliado a la Universidad de la Columbia Británica, cuya misión es construir un futuro viable a través de potenciar la integridad y el bienestar de la población mundial.

Izzo está licenciado en Psicología y Teología y es doctor en Ciencias de la Comunicación. Ha formado parte del claustro de profesores de dos universidades importantes.

Vive entre su hogar de Vancouver, Canadá, y el de Rancho Mirage, California.

Puedes contactar con el autor a través de su correo electrónico: john@drjohnizzo.com.

Visita su página web: www.drjohnizzo.com

Síguele en Twitter: @DrJohnIzzo

ECOSISTEMA DIGITAL

NUESTRO PUNTO DE ENCUENTRO

www.edicionesurano.com

2 AMABOOK
Disfruta de tu rincón de lectura
y accede a todas nuestras **novedades**
en modo compra.
www.amabook.com

3 SUSCRIBOOKS
El límite lo pones tú,
lectura sin freno,
en modo suscripción.
www.suscribooks.com

DISFRUTA DE 1 MES
DE LECTURA GRATIS

1 REDES SOCIALES:
Amplio abanico
de redes para que
participes activamente.

4 APPS Y DESCARGAS
Apps que te
permitirán leer e
interactuar con
otros lectores.